R. Perkmann

Geschichte der Kultur in Österreich

R. Perkmann

Geschichte der Kultur in Österreich

ISBN/EAN: 9783743378513

Hergestellt in Europa, USA, Kanada, Australien, Japan

Cover: Foto ©ninafisch / pixelio.de

Manufactured and distributed by brebook publishing software (www.brebook.com)

R. Perkmann

Geschichte der Kultur in Österreich

GESCHICHTE

DER

CULTUR IN ÖSTERREICH.

VON

Dr. R. PERKMANN.

EINLEITUNG.

WIEN 1864.
WILHELM BRAUMÜLLER
K. K. HOFBUCHHÄNDLER.

Vorwort.

Es gibt kein Land in Europa, welches nach so verchiedenen Seiten hin und in so hohem Grade das allgemeine Interesse der Wissenschaft und des öffentlichen Lebens in Anspruch zu nehmen geeignet ist, wie das Stromgebiet der Donau. Ausser der erst von den Geographen der neueren Zeit nach ihrer gesammten Längenausdehnung zu Europa gerechneten Wolga bei weitem die grösste einheitliche Ländergruppe unseres Welttheiles, zeigt das Land an der Donau eine so reiche und manchfaltige Abwechslung seiner Formationen, die Natur eine solche Fülle und Verschiedenheit ihrer Erscheinungen und Erzeugnisse, von der ruhig erhabenen Gletscherwelt durch alle Abstufungen des Lebens hindurch bis zu den edelsten Schöpfungen, deren der Boden und das Klima des Continentes vom äussersten Norden bis zu seinem tiefsten Süden überhaupt fähig ist, wie sie kein anderes Gebiet aufzuweisen vermag. In den Alpen, in den Karpaten und den Karstbildungen, in den Hochplateaux wie in den Tiefebenen mit ihren dazwischenliegenden Terrassenlandschaften des Donauthales wiederholt sich Europa gleichsam im verjüngten Massstabe. Noch mehr: die wunderbare Schaffungskraft der Natur hat hier auch Eigenthümlichkeiten zu Tage gefördert, welche man in anderen Ländern des Welttheiles vergebens suchen würde.

Nicht weniger reichhaltig ist die Gliederung seiner ethnographischen Verhältnisse. Das Donauthal war von jeher der belebteste Tummelplatz der Völkerbewegungen und noch jetzt laufen hier die Spitzen mehrerer und darunter hervorragender Stämme und Nationalitäten zusammen. Nirgends auf Erden aber ist das Völkergemisch bunter, als in den Gegenden des mittleren und des unteren Stromlaufes. Sprachen und Religionen, politische und kirchliche Einrichtungen, Sitten, Bildung und Lebensweise in den mannigfaltigsten Abstufungen, vom Nomaden- und Zigeunerthum angefangen bis zur höchsten Civilisation der modernen Zeit, wechseln hier wie die Gestaltungen des Bodens. Das Donaugebiet hat von jeher, wenn auch nach seinen verschiedenen Theilen in verschiedener Art, seinen Antheil an dem Weltverkehr und an dem allgemeinen Culturleben gehabt. Es hat seit den ersten Tagen der Geschichte des Abendlandes, sei es in friedlichen, sei es in unfriedlichen Angelegenheiten des Völker- und Staatslebens eine bedeutungsvolle Stellung eingenommen und die Gegenwart hat in mehr als einer Hinsicht und durch vielerlei Hebel dazu beigetragen, diese Bedeutsamkeit nur noch höher zu steigern.

Welch' reicher Stoff für den Culturforscher! Welche Menge von Anknüpfungspunkten für wissenschaftliche und culturgeschichtliche Vergleichungen!

Nach mehreren Zweigen und Factoren zwar schon von tüchtigen scientifischen Kräften behandelt und in das Licht gestellt, ist das Leben der Natur und der Völker dieses merkwürdigen Landes in seiner ganzen Fülle und Gliederung, als organisches Ganzes mit dem wechselseitigen Ineinandergreifen aller individuellen Theile und in seiner historischen Entwicklung noch niemals einer einheitlichen Bearbeitung unterzogen worden.

Die vorliegende Einleitung soll nun das baldige Erscheinen eines grösseren Werkes ankündigen, worin der Versuch gemacht wird, dieses bunte und scheinbar chaotische Gemisch physicalischer, ethnographischer, politischer, ethisch-intellectueller und culturgeschichtlicher Factoren zu einem lebendigen, organischen Gesammtbilde zusammenzustellen.

Das Unternehmen mag kühn erscheinen. Niemand kann sich über die mancherlei Schwierigkeiten, welche dasselbe darbietet, weniger täuschen, als wer sich selbst Jahre lang mit diesem Gegenstande beschäftiget hat. Aber der Reiz, den das reiche Thema schon auf das jugendliche Gemüth ausgeübt, war weit mächtiger als die Hemmnisse, welche drohend und abschreckend vor dem schönen Ziele sich ausbreiteten. Der erste, obgleich unklare Plan musste desto schneller und um so stärkere Wurzeln fassen, als verschiedene Reisen, die über einen grossen Theil Mittel-Europa's, von den Gestaden des mittelländischen Meeres bis an die Ufer der Ost- und Nordsee, von den Quellen der Elbe und Oder bis an die Niederungen des Rheins in mannigfachen Kreuz- und Querzügen ausgedehnt waren, frühe schon reichliche Gelegenheit darboten, mit vorausgegangenen sowohl als gleichzeitigen wissenschaftlichen, namentlich ethnographischen, sprachlich-literarischen, geographisch-historischen, ästhetisch-archäologischen und politisch-socialen Studien auch unmittelbare Beobachtungen und Auffassungen des wirklichen Lebens der Völker und ihrer Cultur zu verbinden. Wo aber sollte der einmal geweckte Sinn für die Geschichte und Geschicke der Völker für ihre wechselweise fortschreitende, stagnirende oder verfallende Civilisation mehr Materiale vorfinden können, als gerade in dem grossen und so mannigfach gegliederten Gebiete unserer Donau? In jeder Landesgruppe, beinahe auf jedem Schritte und Tritte begegnet man hier neuen Eigenthümlichkeiten, neuen Charakteren, welche die Aufmerksamkeit des Beobachters von Grad zu Grad fesseln und seine Neugierde steigern.

Dass aber eine organische Darstellung des Culturlebens im Stromgebiete unserer Donau nicht auf dieses allein beschränkt bleiben darf, wenn sie auf Vollständigkeit einigen Anspruch erheben will, wird leicht erklärlich, wenn man die natürlichen, wie die künstlichen Beziehungen berücksichtiget, welche es nach allen Richtungen hin mit dem Culturleben auswärtiger Länder und Völker verbinden, um so mehr, als es im ganzen Bereiche dieses Terrains kein grösseres Volk gibt, welches in seiner Totalität innerhalb der natürlichen Grenzen des Donauthales abgeschlossen wäre. Ja bei den meisten liegt der Hauptstamm und der Schwerpunkt ausserhalb und nur ihre Zweige greifen auf danubischem Boden zusammen. Man denke nur an die grossen Gruppen des germanischen, des slavischen und des romanischen Elementes! Unsere culturgeschichtliche Darstellung wird somit naturgemäss sich auch auf die verschiedenen Gebiete erstrecken müssen, welche jenseits der unmittelbaren geographischen Abgrenzung liegen. Ja die Culturgeschichte des Donauthales kann nicht geschrieben werden, ohne den grössten Theil Europa's und Westasiens mit in die Betrachtung hineinzuziehen.

Das ganze Werk wird drei Theile enthalten. Der erste enthält das Alterthum und reicht bis zum Ende des abendländischen Kaiserreiches, der zweite umfasst die Zeit von der allgemeinen Völkerwanderung bis zur Ausbreitung der türkischen Herrschaft im Südosten Europa's und der Ablenkung des Welthandels von Italien und Griechenland. Der dritte Theil zerfällt in zwei Bände, wovon der eine die Epoche bis zur Anwendung der Dampfkraft auf Fabrikation und Verkehr, der andere die neueste Zeit mit den riesenartigen Culturfactoren behandeln wird.

Die einzelnen Bände werden in möglichst kurzen Zwischenräumen der Oeffentlichkeit übergeben werden.

Wien, am 1. Mai 1864.

Dr. R. Perkmann.

I.

Idee der Culturgeschichte.

Unter den vielen Zweigen, welche in Folge Jahrtausende langer Bestrebungen der Menschheit, des Denkens und Forschens einzelner Völker und unter ihnen besonders bevorzugter Geister gegenwärtig den grossartigen Baum der Erkenntniss und der Wissenschaft mit ihren üppigen Blättern, Blüthen und Früchten schmücken, hat in unserer Zeit auch die Culturgeschichte angefangen eine hervorragende Stellung einzunehmen.

Eine innigere Vertrautheit mit den hauptsächlichsten Culturmomenten derjenigen Länder und Völker, die jemals auf dem bedeutungsvollen Schauplatze der Weltereignisse eine wichtigere Rolle gespielt haben, oder welche noch jetzt wirksam in das allgemeine Weltleben eingreifen und dessen Gestaltung mitbestimmen helfen, hat sich bereits in allen höheren Kreisen der öffentlichen Thätigkeit zu einem dringenden Bedürfniss gemacht. Sie ist ein unabweisbares Postulat für den gelehrten Forscher, für den leitenden Staatsmann, für den rationellen Politiker, wie überhaupt für alle diejenigen, die mitten im vielbewegten Strome des unmittelbaren Lebens stehend durch Beruf und Beschäftigung zu weitreichenden Combinationen auf Grundlage der allgemeinen Verhältnisse in den verschiedenen Welttheilen und der charakteristischen Zustände in den einzelnen Gebieten derselben genöthiget sind. Sie ist aber auch unentbehrlich geworden für jedermann, der sich ein klareres Verständniss aller der natürlichen und künstlichen Factoren, worauf das sociale, das politische und das intellectuelle Leben der Menschheit beruht, und der geheimnissvollen Kräfte und Triebfedern, die dasselbe bewegen und befördern, erwerben und damit auf einen höheren Grad von Bildung nach den Forderungen der Gegenwart Anspruch erheben will.

Die wissenschaftliche Culturgeschichte, nach dem ganzen Umfange ihrer Aufgabe behandelt und durchgeführt, fasst das Leben der Welt und der Völker in der organischen Einheit seiner inneren Gliederung, wie in der successiven Entfaltung aller wesentlichen

Anlagen und Elemente, womit die Schöpfung den Menschen ausgestattet hat. Im Lichte dieses Wissenschaftszweiges lösen sich die vielfachen Gegensätze und Widersprüche, welche die Wege der Weltgeschichte zu durchkreuzen und die Absichten der Vorsehung zu vereiteln scheinen, gleichsam in rhythmische Wendungen und Phasen auf, die das Menschengeschlecht während ihres civilisatorischen Wachsthums zu durchlaufen hat.

An der Hand lebendiger Thatsachen aus allen Sphären des Daseins weist diese Wissenschaft ein stetiges Fortschreiten der Civilisation nach. Sie zeigt, dass keine wahrhafte, reale Idee, wo sie auch immer zuerst in allgemeinen Umrissen aufgedämmert haben mag, vollständig spurlos wieder untergegangen sei; dass kein Project des menschlichen Geistes, wenn es wirklich ein höheres Element in sich trug, ungeachtet der drückendsten Ungunst widerwärtiger Verhältnisse jemals ganz vernichtet werden konnte. Sie verschafft die beruhigende Ueberzeugung, dass alle die Leiden, denen sich die Völker für Wahrheit, Aufklärung, Humanität, Recht und Freiheit unterzogen, niemals auf die Dauer vergebens gewesen; dass kein Tropfen von jenen Strömen Blutes, die im Kampfe gegen Finsterniss, Unwissenheit, Aberglauben, politischen und hierokratischen Despotismus geflossen, völlig nutzlos geopfert worden sei. Denn in ihren civilisatorischen Bewegungen bewährt die bessere Natur der Völker eine wahrhaft dämonische Gewalt. Oft einer Ruhe fähig, die hart an gänzliche Lethargie grenzt, gläubig bis zum lächerlichsten Götzendienst, geduldig bis zum Servilismus und nachgiebig bis zu schmählicher Erniedrigung — raffen sie sich plötzlich zu welterschütternden Thaten auf und werden unwiderstehlich, wenn in ihnen das Bewusstsein der Kraft und Wahrheit erwacht, das Gefühl ihrer Gemeinsamkeit und Würde lebendig wird und sie der Drang eines edleren Berufes entflammt.

Die Beobachtung der verschiedenen Abstufungen in dem Gange der allgemeinen Weltcultur führt aber mittelbar auch zu einer geläuterten Auffassung der Erscheinungen des individuellen Lebens selbst. Denn in ihrer richtigen Zusammenstellung mit dem Ganzen treten auch die einzelnen Seiten und Glieder je nach ihren Functionen in der wahren Bedeutsamkeit ihrer Leistungen hervor. Selbst das scheinbar Untergeordnete und Vorübergehende gewinnt an Werth und Würde als Mitorgan und Hebel einer ewigen, weltgeschichtlichen Bestimmung.

Die ersten Keime culturhistorischer Untersuchungen wurzeln zwar schon in der ältesten Literatur einzelner, auf der Bahn der Civilisation befindlich gewesener Völker. Doch das, was der Culturgeschichte den Charakter einer eigentlichen Wissenschaft verliehen, was sie auf den heutigen Standpunkt emporgebracht, zu einem lebensvollen Organismus von Erkenntnissen und Wahrheiten gestaltet und ihr somit eine verlässliche Grundlage zu ihrem weiteren Fortschreiten verschafft hat, das verdankt sie erst dem umfassenden Blicke des Geistes unserer Zeit.

Schon in den Werken der griechisch-römischen Geschichtschreiber sind reichliche Angaben über die Culturmomente verschiedener Länder und Völkerstämme, einzelner Gegenden und Städte der alten Welt enthalten. Die damaligen Geographen und Reiseschriftsteller, praktisch und auf das wirkliche Leben mit seinen bunten Erscheinungen gerichtet, wie ihr heller Geist war, haben im Kleinen begonnen und nach den ersten Rudimenten das geleistet, was wir bei unseren Koryphäen dieser Literaturzweige heute im Grossen bewundern und als oberste Aufgabe der Culturgeographie anerkennen. Auch die Philosophen des classischen Alterthums, ein Platon und Aristoteles an der Spitze, forschten nach den naturgemässesten Grundlagen der Staaten und nach den Gesetzen, auf deren Geltung das Völkerleben basirt ist.

Es waren vielversprechende, aber nur zerstreute Versuche culturhistorischer Studien. Sie geben Zeugniss von dem lebhaften Bedürfniss, die einheitliche Quelle aller unendlich mannigfaltigen Erscheinungen, den inneren Zusammenhang unter den tausendfachen, einander scheinbar widerstreitenden Kräften kennen zu lernen. Dass sie alle, Geschichtschreiber, Geographen und Philosophen das vorgesteckte Ziel nicht erreichten, lag keineswegs in der Richtung ihres Geistes. Vielmehr muss der gleichsam instinctive Tact angestaunt werden, vermöge dessen sie, ungeachtet der nur bescheidensten wissenschaftlichen Vorarbeiten, die geheimnissvollen Fäden des Natur- und Geisteslebens mit solcher Sicherheit zu verfolgen wussten. Die Wissenschaft der Nachwelt kam nicht eher wieder in lebendigen Fluss, als bis sie nach mehr als anderthalb Jahrtausenden der Stagnation neuerdings im Geiste dieser grossen Vorläufer begründet und fortgebildet zu werden anfing.

Der Charakter der Geschichtschreibung während des Mittelalters, befangen in Formen und Anschauungen, die ihren Ursprung grösstentheils nur in frommen Sagen und Wünschen hatten, die ihre Weihe nur durch lange Gewohnheit und für ehrwürdig gehaltene Traditionen empfingen, deren Wahrheit und Glaubwürdigkeit selten in etwas anderem als in der kirchlichen Richtung der Zeit und der Schriftsteller lag, konnte begreiflicher Weise nur wenig geeignet sein, das Leben der Völker und der Staaten in seiner frischen Unmittelbarkeit zu erkennen, und es als ein organisch gegliedertes Ganzes von bestimmten Factoren aufzufassen. Dafür liefern die Annalen der städtischen Gemeinwesen, die Aufzeichnungen der Chronisten in den Stiften und Dominien, sobald sie gesichtet, von den althergebrachten Compilationen gereiniget werden und nur von den Zeitgenossen selbst Erlebtes erzählen, sehr schätzbares Materiale für den Specialhistoriker der Culturwissenschaft unserer Tage.

Mit dem Aufblühen des europäischen Handels, besonders in Italien, mehren sich auch die Reisen in fremde Länder und Welttheile. Das mercantile Interesse erweckt auch die Neugierde, die Leistungsfähigkeiten, die Sitten, die Cultur und die Bedürfnisse anderer Völker näher kennen zu lernen, um die etwaigen commerciellen Unternehmungen darnach zu bestimmen. Die Berichte darüber, werthvolle Denkmale aus einer nicht sehr schreibseligen Zeit, konnten sich gleichfalls von den charakteristischen Zügen der Perioden, in denen sie verfasst, und des Zweckes, wodurch sie zunächst veranlasst worden sind, nicht vollständig frei machen. Der Geist eines Herodot, eines Pausanias, eines Plinius und anderer ihres Gleichen fand den Boden zur Aufnahme und Befruchtung des Samens, den diese Classiker in ihren Werken niedergelegt hatten, damals erst in geringem Grade vorbereitet.

Nur die allgemeine, grosse Bewegung der Geister, die von Griechenland und Italien ausgehend bald das ganze Abendland ergriff, epochemachende Erfindungen, durch diese aber auch grossartige Entdeckungen veranlasste, den Gesichtskreis der Europäer sowohl am Sternenhimmel, wie auf unserem Planeten selbst rasch erweiterte und zu entscheidenden Reformen auf den Gebieten des kirchlichen, politischen und socialen Lebens führte, nur diese Bewegung vermochte die Fesseln des Herkommens zu sprengen, den Sinn für Beobachtung und Auffassung der realen Wirklichkeit wieder wachzurufen und den Blick der wissenschaftlichen Forschung auf den Menschen selbst und dessen Verhältnisse hinzulenken.

Mit einem Wetteifer, den nur die Begeisterung für eine hohe Idee einflössen, nur die gewisse Zuversicht auf das Gelingen rege erhalten kann, wird nach den ersten Zuständen, Sitten und Gebräuchen der Völker, nach den Gesetzen und der Bestimmung des Staates, der bürgerlichen Gesellschaft, der Religion und nach dem Ursprung aller dieser Einrichtungen geforscht. Man geht noch weiter. Die Frage nach dem Ursprunge der Cultur muss zurücktreten gegenüber dem Thema über die Entstehung des Menschengeschlechtes selbst. Galt es doch auch, dem Menschen, entgegen den früheren Ansichten und Lehren, gleichsam erst das Heimatrecht auf dieser Welt zu sichern, die Aufgabe des Erdenlebens in ihrer Selbstständigkeit und Unmittelbarkeit zu constatiren und die widernatürlichen Anforderungen, welche zufolge der Theorie und im Namen eines Jenseits an dieselbe gestellt wurden, in ihre Schranken zurückzuweisen!

Es liegt in der Natur des menschlichen Denkens und Strebens, dass es von der individuellen Erscheinung rasch auf die derselben zum Grunde dienenden Kräfte und Gesetze zurückgeht, und im Vergänglichen das Bleibende zu erfassen trachtet. Der forschende Geist erhebt sich nur zu gerne von dem besonderen Falle zur allgemeinen Idee. Nur zu gerne will er den Bau seiner eigenen Welt, seine selbstständige Schöpfung vollendet sehen, und glaubt die Construction bereits unternehmen zu dürfen, sobald auch nur einzelne Bausteine vorbereitet liegen, selbst auf die Gefahr hin, den Plan nachträglich öfters modificiren, das bereits ausgeführte Werk wieder zerstören und die Arbeit von Neuem beginnen zu müssen.

Anstatt vorläufig noch ihre gesammte Kraft auf die Eruirung des Thatsächlichen im Völkerleben zu concentriren, eilte die culturwissenschaftliche Forschung des vorigen Jahrhunderts, im Kampfe gegen eine Welt von Vorurtheilen schnell geübt und durch die errungenen Siege kühn gemacht, zur Deducirung von Gesetzen bezüglich der Entwicklung des menschlichen Geistes und Wesens, zur Anwendung des Einzelnen auf das Allgemeine, und zur Bestimmung der Wege, welche die Geschichte der Menschheit in Zukunft einzuschlagen habe.

Entsprechend dem Geiste und den Bedürfnissen der Periode der Aufklärung, des Stürmens und Drängens, konnten diese allgemeinen Darstellungen und Abstractionen nicht mehr genügen, sobald der erste Anstoss zu neuem Aufschwunge des öffentlichen Lebens und der Wissenschaft gegeben, die erste Phase des jungen geistigen Wachsthums abgeschlossen war und die Sonne der Vernunft den düsteren Nebel der willkürlichen Satzungen, des blossen Glaubens und unbegründeter Vorurtheile für immer zerrissen hatte. Es kam die Zeit der genaueren Sichtung des vorhandenen Materiales, die Zeit des emsigen Sammelns bestimmter Thatsachen, und zwar in allen einzelnen Gebieten des menschlichen Daseins und der Cultur. Die Grösse der Aufgabe machte eine Theilung der Arbeit nothwendig. Je mehr dieses Fundamentalgesetz der modernen Zeit und das Räthsel ihrer sich fortwährend steigernden Leistungsfähigkeit auch bei den wissenschaftlichen Untersuchungen zur Geltung kam, desto reichhaltiger und detaillirter flossen die Resultate der Forschung. Ein Zweig des geistigen und des materiellen Culturlebens nach dem anderen entrollte sich in seiner geschichtlichen Entwicklung vor den Augen der gebildeten Welt. Während die Einen die Philosophie, die schöne Kunst, die Religion, wie überhaupt die höheren Elemente des geistigen Lebens nach ihren verschiedenen Stadien und Uebergängen, von den ersten Anfängen bis zur neueren Zeit herab darlegten, verfolgten Andere die Geschichte des Ackerbaues, der Gewerbe, der Manufactur, der Industrie, des Handels und anderer Zweige der Cultur, welche mit dem materiellen Leben der Völker in innigster Beziehung stehen.

War dies ein unberechenbarer Gewinn der getheilten Arbeit, so wurde andererseits gerade durch diese Theilung die Idee der Einheit in den Hintergrund gedrängt. Ja sie ging in der bunten Mannigfaltigkeit der Leistungen allmälig gänzlich verloren.

Die nothwendige Folge davon musste sein, dass über Wesen, Umfang und Aufgabe einer allgemeinen wissenschaftlichen Geschichte der Cultur divergirende Ansichten auftauchten, und ihr Verhältniss zu anderen historischen Fächern von Verschiedenen sehr verschieden aufgefasst wurde.

Auch gegenwärtig herrscht noch, selbst unter hervorragenden Vertretern dieses Literaturzweiges, hierüber in einzelnen Punkten grosse Meinungsverschiedenheit vor. Doch die principielle Idee, die unter den entgegengesetzten Anschauungen den inneren Zusammenhang herstellen, die scheinbar disparaten Theile zu einem organischen Ganzen verbinden wird, steht bereits innerhalb des Gesichtskreises der Wissenschaft. Mit ihr ist auch eine neue und verlässliche Basis für ein stetes und sicheres Fortschreiten der Forschung und der wissenschaftlichen Culturgeschichte gegeben. Bei einer vergleichenden Uebersicht über die bedeutenderen Erscheinungen auf dem Felde der culturhistorischen Literatur, wie sie bis zum Beginne der jüngsten Periode zu Tage getreten sind, lassen sich nach allgemeinen Umrissen drei Hauptgruppen derselben unterscheiden.

Die Einen wollen nämlich unter Culturgeschichte nur die Darstellung der geschichtlichen Entwicklung der sogenannten höheren, geistigen Zweige der menschlichen Bildung verstanden wissen, die Anderen dagegen glauben sich auf die materiellen Factoren des gesellschaftlichen Daseins beschränken zu müssen. Zwischen diesen beiden Gruppen steht noch eine dritte Reihe von Schriftstellern, die gewöhnlich zu den Culturhistorikern gezählt werden, diejenigen enthaltend, die weder bis zur Höhe der reinwissenschaftlichen und geistigen Ideen hinaufblicken, noch, wie man oft zu sagen pflegt, bis zu den vulgären Angelegenheiten des alltäglichen Lebens hinabsteigen wollen, sondern populäre Schilderungen der Sitten und Gebräuche, der Gewohnheiten und Lebensarten, der allgemeinen Zustände und gesellschaftlichen Verhältnisse bei einzelnen Völkern und Volksstämmen, in einzelnen Staaten oder Landestheilen, in Städten und Gemeinden als ihre oberste Aufgabe betrachten.

Will man die Schriftsteller der ersten Gattung die Idealisten der Culturwissenschaft nennen, so kann man die der zweiten füglich als die Realisten bezeichnen, während die mittlere Gruppe den Charakter der Romantik an sich trägt.

Alle drei Classen haben je in ihrer eigenthümlichen Art hervorragende Leistungen, Werke von bleibendem Werthe aufzuweisen. In ihnen finden auch die drei wesentlichsten Seiten des gesammten Culturlebens der Völker und der Menschheit eine würdige literarische Vertretung. Aber so lange sich jede in ihrer besonderen Sphäre abschliesst, so lange sie sich gegenseitig isoliren, entziehen sie sich selbst die sicherste Garantie einer wissenschaftlichen Vollständigkeit. Sie können vortreffliches scientifisches Materiale liefern, aber zu einer organischen Construction, zu einer Belebung des ganzen Kunstbaues zu gelangen, vermögen sie auf einem solchen Seitenwege und mit diesen ihren beschränkteren Mitteln nicht.

Die ersten Versuche, diesem mangelhaften Umstande entgegen zu treten, sind keineswegs in neuester Zeit gemacht worden. Sie datiren vielmehr schon aus der frühesten Periode der culturgeschichtlichen Literatur selbst. Es konnte ihnen aber nicht gelingen, das vorgezeichnete Ziel zu erreichen, theils weil sie den richtigen Ausgangspunkt für ihre Aufgabe gänzlich verfehlten, theils weil sie nur einzelne Seiten desselben in's Auge fassten, ohne den Blick über das Ganze auszudehnen. Und doch lässt sich nur beim vollen Lichte eines verlässlichen Leitsternes zwischen den unzähligen Verzweigungen der wahre Weg auffinden und mit Consequenz bis zu seinem Ende einhalten.

Eine blos äusserliche Zusammenstellung und Aneinanderreihung dessen, was früher als Gegensatz geschieden worden war, ergab allerdings ein Ganzes, aber nur ein Ganzes von Theilen. Es erhielt keine innere Einheit, es blieb ohne geistiges Leben, ohne Bewegung und Wachsthum.

Weiter schauende Culturforscher glaubten unter der Leitung der Philosophie bestimmt abgegrenzte Systeme, gleichsam formelle Rahmen aufstellen zu dürfen, in welchen das ganze grossartige Gesammtbild des allgemeinen Weltlebens und seines unaufhaltbaren Fortschrittes zusammengefasst werden sollte. Namentlich haben tiefsinnige Denker in Deutschland zur Zeit, als die teleologische Doctrin in ihrer höchsten Blüthe stand, den Gang der vernunftgemässen und ethischen Entwicklung der Menschheit zu construiren, apriorische Gesetze für das Weltleben aufzustellen gesucht und so die Stufenfolge der Civilisation über die Erfahrung hinaus auch für die ewige Zukunft zu bestimmen unternommen. Es schienen bewundernswerthe Arbeiten des speculativen Geistes zu sein. Lange Zeit hindurch haben sie, eine nach der anderen, als vollkommener und einzig möglicher Massstab gegolten, nach dessen Normen sich jede wissenschaftliche Construction dieser Art zu halten habe.

Es unterliegt keinem Zweifel, dass das Leben der Menschheit, wie das der einzelnen Völker und der Individuen, blos nach seiner formellen Seite betrachtet, auf bestimmten Kräften beruhe und in seiner Allgemeinheit sich nach ganz bestimmten Gesetzen bewege. Dieselben sind einer Veränderung oder gar einer Derogirung nicht unterworfen; denn sie sind in der Natur des Menschen selbst begründet und machen einen Theil seines innersten

Wesens aus. Darin liegt auch der Schlüssel zur Lösung des Räthsels, dass das allgemeine Weltleben, ungeachtet der immer wiederkehrenden, oft riesenhaften Hindernisse, stetig vorwärts schreitet und seinem Ideale näher rückt; daraus ist es erklärlich, dass der Genius der Menschheit, wenn auch oft durch die crassesten, vernunftwidrigsten Elemente auf Jahrhunderte zum Schweigen gebracht, doch seine Stimme immer wieder von Neuem erheben, und die rechte Bahn zu seiner Bestimmung auch nach den grössten Abirrungen immer wiederfinden kann.

Aber diese formale Seite muss strenge unterschieden werden von dem realen Inhalte der lebendigen Erscheinungen. Dieselben sind einer unerschöpflichen Mannigfaltigkeit, eines unendlichen Wechsels fähig. Jene ist allein geeignet ein festes Substrat für die philosophische oder metaphysische Speculation zu bilden; letztere aber entzieht sich, wie die individuellen Gedanken und Gefühle, jeder apriorischen Bestimmung durch die Wissenschaft. Das frische Leben mit seinen täglich in tausendfachen Variationen auftauchenden Gestalten hasst die todte Form des blos schematisirenden Verstandes; es lässt sich nicht in ein enges Netz von Combinationen einzwängen, das im Grunde genommen doch nur aus gleissenden Fäden einseitiger und daher unvollständiger Voraussetzungen gewebt ist. Aber gerade diese bunte, wechselvolle Seite des menschlichen Daseins ist es vorzugsweise, welche den eigentlichen reellen Gegenstand historischer Darstellung der Cultur zu bilden hat.

Dass aber ausschliesslich durch ein organisches Zusammenstellen aller Elemente der ideellen und der materiellen Cultur ein angemessenes, ein der objectiven Wahrheit entsprechendes Abbild des Weltlebens und in ihm der Civilisation gegeben werden könne, zu dieser Ueberzeugung vermag auch schon ein oberflächlicher Blick auf den Entwicklungsgang derjenigen Völker und Staaten zu führen, welche an der Spitze der Menschheit einhergeschritten sind. Eine solche allgemeine Uebersicht könnte zugleich in populärer Weise, ohne erst in die Tiefen philosophischer Räsonnements hineingreifen zu müssen, die wahre Stellung andeuten, welche die beiden Hauptgruppen der gesammten Culturfactoren in Wirklichkeit zu einander einnehmen.

Es würde uns jedoch zu weit von unserem nur in allgemeinen Umrissen vorgesteckten Zwecke ablenken, wollten wir an dieser Stelle durch besondere Beispiele aus dem grossen Völkerleben die wesentlichen Vorzüge herausheben, welche das harmonische Zusammenwirken beider Arten von Factoren zu jeder Zeit mit sich gebracht hat, und zeigen, wie einzelne Nationen, die mit einer nur dürftigen materiellen Ausstattung auf die Bühne der Weltgeschichte hereingetreten sind, sich allmälig zu sehr erfreulichem Reichthum, zu massgebender Macht und zu Trägern der höchsten geistigen Cultur emporgeschwungen haben; oder wollten wir die natürlichen Gründe darlegen, warum andere Völker, mit sogenannten irdischen Gütern und Hilfsmitteln verschwenderisch begabt, geebnete Wege vor sich, dennoch kaum einen bescheidenen Schritt zu wahrhaft humaner und vernunftwürdiger Ausbildung vorwärts gemacht und selbst das gewöhnlichste Niveau der Civilisation niemals überragt haben.

Fasst man die Culturgeschichte in der Einheit ihrer Idee und ihres ganzen Organismus auf, so ist sie **die historische Darstellung des gesammten Bildungs- und Entwicklungsprocesses der Menschheit von den ersten Anfängen der Vernunftthätigkeit bis zu dem Grade der Ausbildung, den sie gegenwärtig erreicht hat.**

In dieser Definition ist die Aufgabe für den Culturforscher ihrem ganzen Umfange nach enthalten. Sie zeigt ihm den Standpunkt, von welchem er auszugehen, das Ziel, nach welchem er zu streben, und den Weg, den er einzuschlagen hat, um demselben allmälig näher zu kommen. Aus ihr ist ferner leicht ersichtlich, dass die Culturgeschichte, so wenig als die politische Geschichte, kein im Voraus festgesetztes, in sich abgeschlossenes System bilden dürfe, sondern dass sie gleichsam aus einem Keime hervorgehend sich immer weiter ausbreiten und einem astreichen Baume vergleichbar sich zu immer reicherer Gliederung verzweigen müsse. Die Wissenschaft ist auch hierin ebenso unendlich und unerschöpflich, wie das Leben und die Entwicklung der Menschheit, sie ist ebenso allseitig wie diese selbst.

Den Angelpunkt, um welchen sich die ganze Aufgabe dreht, bildet der Mensch. Dieser ist die Basis, von welcher die Culturwissenschaft ausgeht; er ist aber auch das Centrum, in das alle Radien derselben wieder zusammenlaufen müssen, und das Band, welches alle ihre verschiedenen Zweige durchzieht und organisch mit einander vereiniget. Denn der Mensch selbst mit seiner Doppelnatur ist eben der ahnungsvolle Keim, der aufsprossen und sich zu einem üppigen, blühenden und fruchtbringenden Baume entfalten soll. In seinem eigenen Wesen selbst liegt demnach das Ideal, welches im Laufe des gesammten Culturlebens, von Stufe zu Stufe, von Phase zu Phase fortschreitend, mehr und mehr verwirklicht zu werden bestimmt ist.

Wäre es dem Plane der allgemeinen Einleitung entsprechend, unser Thema bis in sein specielles Detail zu verfolgen, so müsste nun dieses Ideal der generellen Culturaufgabe, das heisst die Natur des Menschen, nach dem ganzen reichen Organismus seiner inneren Gliederung, nach allen Seiten seines Wesens in deren harmonischem Ineinandergreifen dargelegt werden. Aber die vollständige Lösung dieser Frage bildet einen besonderen und zwar hervorragenden Theil eines der reichhaltigsten und wichtigsten Wissenschaftszweige, nämlich der Lehre vom Menschen oder der Anthropologie im umfassendsten Sinne dieses Wortes.

Das Wesen des Menschen besteht aus einer Summe von physischen und psychischen Vermögen, Anlagen, Fähigkeiten und Kräften, deren lebendige Functionen nur nach einer Reihe von unabänderlichen Gesetzen vor sich gehen können. Hinsichtlich dieser essentiellen Ausstattung findet keinerlei Unterscheidung innerhalb des Menschengeschlechtes Platz. Diese Wesengleichheit ist das feste Band, welches alle Individuen umschlingt, die ganze Gattung als ein eigenes und einheitliches Reich der Schöpfung erscheinen lässt. Diese Identität der menschlichen Natur begründet aber auch die universelle Einheit und Gleichheit der Cultur selbst, in ihrer höchsten Aufgabe und nach ihren obersten Postulaten betrachtet. Denn sie enthält in sich Gesetze und Wahrheiten, welche Geltung haben für alle Menschen, zu allen Zeiten, an allen Orten, unter allen Verhältnissen. Darin liegt es auch, dass jede wesentliche Leistung, wann, wo und von wem immer sie zuerst auftauchen mag, zum civilisatorischen Gemeingut Aller werden kann und soll, dass aber ebenso auch jedes Individuum sich Antheil verschaffen kann und soll an allen höheren und edleren Culturschätzen der Gesammtheit der Generationen, die vor ihm waren und mit ihm sind.

Aber unbeschadet dieser fundamentalen Gleichheit des Wesens und der Aufgabe macht sich in der Menschheit, wie im gesammten Universum, auch das Gesetz der Individuation geltend. Dasselbe manifestirt sich in den natürlichen Abstufungen der Gattung, zu oberst in den Racen und Nationen; es steigt von da, immer neue

Nüancen annehmend, herab durch die Volksstämme und Familien bis zum Individuum, das sich durch charakteristische Merkmale von allen anderen unterscheidet. Diese Schattirungen dürfen auch von der Culturwissenschaft nicht unberücksichtiget gelassen werden; sie repräsentiren vielmehr die eigentliche Grundlage eines grossen Theiles des Farbenreichthums, welcher die historische Darstellung, wenn sie anders eine vielseitige und tiefer in den Gegenstand eingehende ist, begleiten und beleben muss.

Beruht diese Art innerer Verschiedenheit in dem Wesen des Menschen selbst, so gibt es andererseits noch eine zweite Quelle, aus welcher der Culturgeschichte gleichfalls ein unerschöpflich reicher Strom von Mannigfaltigkeit ihres Stoffes zufliesst.

Der Mensch in seinem lebendigen Dasein basirt nämlich nicht blos auf seinem eigenen inneren Wesen. Ausser ihm liegt noch eine ganze grosse Welt der verschiedenartigsten Elemente und Lebensfactoren. Mitten in derselben steht er da, ein Geschöpf unter Geschöpfen, ein Glied unter Gliedern, getragen wie diese selbst von der gemeinsamen Natur, influenzirt und bestimmt wie sie durch das Leben des Ganzen und abhängig von dem ewigen Gange desselben. Er schöpft aus ihr nicht blos sein physisches Dasein und seine Fortdauer, sondern er verdankt ihr auch einen wesentlichen Theil seiner ganzen intellectuellen Entwicklung, seiner gesammten Cultur. Er ist zwar ihr Product und scheinbar ihr willenloses Spielzeug, aber in Wahrheit ist sie auch seine beste Erzieherin, sie ist die providentielle Leiter, die ihm dargeboten wird, damit er, seiner eigenen Bestimmung gemäss, sich allmälig zum Herrn und Führer der Schöpfung erhebe. Durch ihn und seine Vernunft will sie wiedergeboren, will sie neu geschaffen und schöner geordnet werden, als sie aus dem All hervorgegangen ist. In der Cultur und Civilisation des Menschen sucht die Natur selbst ihre eigene Krone, ihre eigene Vollendung.

Aber die tausendfachen Mittel, welche der Mensch zur Erfüllung seines erhabenen Berufes bedarf, hat die Schöpfung mit dem Schleier des Geheimnisses umhüllt und in verschiedener Weise durch die ganze Aussenwelt vertheilt. Die Herbeischaffung dieser Mittel, die Lösung dieser Räthsel ist eine der höchsten Aufgaben des ganzen Culturlebens; die darauf hinzielenden Bestrebungen einzelner Menschen und Völker bilden die Hauptsumme und füllen die schönsten Blätter in der Geschichte der Cultur.

Da die natürliche Aussenwelt, unter deren Einfluss die Menschen und die Völker stehen, nicht eine einförmige, sondern eine vielfach gegliederte ist, so müssen auch ihre Beziehungen zum Menschen, ihre hemmenden oder fördernden Einwirkungen auf dessen Bildung in verschiedenen Ländern verschieden sein. Der heisse Süden und der kalte Norden, das Tiefland und das Hochgebirge, die offene, unabsehbare Ebene und das enge, abgeschlossene Thal, das Meeresgestade und die Binnenlandschaft, die Leichtigkeit oder Schwierigkeit des Verkehrs — jedes übt in seiner Art einen anderen Einfluss auf die Bevölkerung, jedes fordert in anderer Weise die Thätigkeit des Menschen heraus, bei jedem muss die Beschäftigung und die Lebensart eine andere sein. Verschieden wie der Boden ist, auf dem sie stehen, verschieden wie die Producte, die aus demselben hervorwachsen, das Klima, von dem er beherrscht wird, verschieden wie die Luft, die sie einathmen, das Wasser, womit sie ihren Durst löschen, die Speise, womit sie ihren Hunger stillen müssen, so verschiedenartig gestaltet sich auch das Dasein, die Arbeit, der Genuss und mit ihnen der gesammte Charakter der Individuen, der Familien, der Stämme und der Nationen. Dem Einen spendet ein reicher Boden, unter freundlich mildem Himmel, gleichsam aus freien Stücken, das, wessen er zu seiner Erhaltung bedarf und mehr noch, als das unbedingt Erforderliche, sein Erwerb ist leicht, sein Dasein mühelos und angenehm; der Andere vermag nur durch unausgesetzte Anstrengung aller seiner Kräfte einer sterilen, unter rauheren, der Cultur wenig freundlichen Elementen stehenden Scholle das Nöthige abzuringen; unaufhörlich ist seine Existenz in Frage gestellt, sein Leben gleicht einem fortwährenden Kampfe mit einer spröden Aussenwelt. Obwohl nun mit den gleichen geistigen Vermögen, aber auch mit der gleichen ursprünglichen Hilflosigkeit und mit denselben natürlichen Bedürfnissen in die Welt eintretend werden die Menschen unter so heterogenen äusseren Verhältnissen doch bald ihre Wege auseinandergehen sehen müssen, und schon ihre natürliche Cultur muss wesentliche Verschiedenheiten und charakterische Abweichungen wahrnehmen lassen.

Aber noch durchgreifender wird die Verschiedenartigkeit der Wirkungen dieser mannigfachen äusseren Eindrücke in jenen künstlichen Welten sein, welche die Menschen und die Menschenvereine selbst in den einzelnen Stadien ihrer Culturentfaltung nach und nach heranbilden. Gewohnheit, Sitte und Recht, Anschauungen, Glauben und Aberglauben, der Staat und die ganze Gliederung der bürgerlichen Gesellschaft, werden in verschiedenen Theilen der Welt aus natürlichen Gründen eine andere Färbung annehmen; sie setzen sich in dieser bunten Verschiedenheit historisch fest und consolidiren sich zu einer zweiten Natur, die nicht selten in vieler Hinsicht eine grössere Zähigkeit an den Tag legt, als die Natur der Schöpfung mit ihren ewigen Kräften und unabänderlichen Gesetzen.

Doch der Mensch ist nicht wehrlos den äusseren Einflüssen ausgesetzt, die Völker sind nicht zu einer ewigen immer weiter gehenden Trennung und Spaltung unter einander verurtheilt. Denn die Natur tritt dem Menschen nur so lange feindselig und seinen civilisatorischen Tendenzen hemmend entgegen, sie wirkt nur so lange scheidend auf die Völker und Staaten, als sie in ihren lebendigen Aeusserungen rein sich selbst und ihren rohen Gewalten überlassen bleibt. Sie fügt sich aber ebenso bereitwillig der Leitung der menschlichen Vernunft, sobald dieselbe, die vorhandenen Kräfte und Gesetze der Schöpfung gehörig benützend und auf deren natürliche Beschaffenheit wie auf die wohlwollenden Fingerzeige der Vorsehung Rücksicht nehmend, deren Thätigkeit und Mithilfe bei ihrem Streben nach den höheren Zwecken ihrer eigenen, ewigen Bestimmung zu sich heranziehen will. Dann verwandelt sich die Wirksamkeit der Naturgewalten aus einer verhängnissvollen in eine segensreiche, aus einer trennenden, in eine vereinigende und versöhnende; dann gestaltet sie sich zum stärksten Culturfactor und trägt gerade sie, in fortwährend steigenden Dimensionen, wieder am allermeisten dazu bei, die Wunden, die sie in ihrem blinden Ungestüm geschlagen, zu heilen, die Schroffheit der Gegensätze, welche ihre ungebundenen, ohne Regel und Ziel auftretenden Elemente ausgeprägt haben, allmälig wieder zu verwischen, um nach und nach jene Harmonie auch wirklich zu machen, welche schon in der wesentlichen Anlage und Ausstattung der menschlichen Natur ihre ursprüngliche Voraussetzung gefunden hat.

Damit er jedoch diese providentielle Absicht erreiche, damit er diese für ihn prädestinirte Stellung als würdiger und besonnener Leiter der Natur einnehmen und auch mit voller Sicherheit behaupten könne, ist es unbedingt erforderlich, dass der Mensch die Schöpfung und deren Elemente nach ihrem wahren Wesen erfasse, ihre in demselben begründeten Eigenschaften und Kräfte, die Gesetze ihres Lebens und ihrer äusseren, individuellen Erscheinungen, ihre Leistungs- und Schaffungsfähigkeit vollständig erkenne und ermesse, dass er sozusagen ihre gesammte Charakteranlage, ihre Bestimmung wie ihr besonderes Verhältniss zu einander und zum Ganzen klar überschaue und genau beurtheile.

Die allgemeinen kosmisch-tellurischen Gesetze und Kräfte sind nun zwar das ganze Universum hindurch die nämlichen in ihrer Art und Wesenheit. Aber die Intensität ihrer Wirksamkeit kann und muss in verschiedenen Theilen desselben und unter verschiedenen Constellationen eine andere sein. Das gegenseitige Verhältniss, das Mass in ihrer chemisch-dynamischen Zusammensetzung und damit das natürliche Verhalten der elementaren Körper zu einander wechselt mit dem Orte und mit der Zeit. Namentlich sind auch die nächsten und augenfälligsten Träger des organischen Lebens, Licht und Wärme, in Folge der charakteristischen Stellung unseres Planeten zur Sonne, in dem einen Lande mehr concentrirt, ihr Einfluss daher ein stärkerer als in einem anderen; sie unterliegen sogar in der nämlichen Zone, während der verschiedenen Perioden, wesentlichen wenn auch gleichmässigen Schwankungen. Daher muss auch die Vertheilung der Organismen selbst, der vegetalen sowohl als der animalischen, auf dem ganzen Umfange des festen Landes nothwendig eine ungleiche und in bestimmter Weise abgegrenzte sein.

Mit allen diesen besonderen Umständen aber hängt, wie bereits angedeutet worden ist, das Leben der Menschen im Einzelnen wie der Völker im Grossen, der Grad der Möglichkeit ihres Daseins, das raschere oder langsamere Wechseln und Fortschreiten ihrer gesammten Cultur in den verschiedenen Gebieten unserer Erde auf das Innigste zusammen. Und aus diesem Zusammenhange entspringt, wie gleichfalls bemerkt wurde, eine überaus reichhaltige Quelle von Verschiedenheiten und charakteristischen Abstufungen der Civilisation innerhalb des gesammten Menschengeschlechtes, wie der einzelnen Völker, der Stämme und Staaten, der Zeitalter und Generationen.

Diese beiden Haupttheile der ganzen Schöpfung, der Mensch und die Aussenwelt mit ihren reinen, ursprünglichen Anlagen bilden auch die beiden wesentlichen Grundelemente, die Ausgangspunkte für die Culturwissenschaft in ihrem ganzen und allgemeinen Umfange aufgefasst. Denn erst nachdem diese in ihrer selbstständigen Wesenheit dargestellt sind, entstehen für den Culturforscher die weiteren generellen Fragen und er hat zu untersuchen, welchen Einfluss diese beiden obersten Factoren auf einander ausüben, wie sie sich dadurch gegenseitig modificiren und bedingen, in wie ferne das Leben des einen durch die Aeusserungen des anderen befördert und veredelt oder aber gehemmt und degenerirt wird.

Das Dasein des Menschen ist aber in seiner subjectiven Individualität keineswegs abgeschlossen und begrenzt. Das Wesen des Einzelnen ist dem aller anderen menschlichen Individuen gemeinsam und gleich. Identisch wie die Grundvermögen Aller sind, so ist es auch ihre Bestimmung, ihr oberstes Endziel. Gleichartig wie ihre höchsten Zwecke sind, so sind es auch die allgemeinen Mittel, wodurch dieselben erreicht werden müssen.

Es bildet daher einen der wesentlichen Grundzüge seiner angebornen Natur und Bestimmung, dass er mit Anderen seiner Gattung lebe und strebe. Erst in dem vereinten Wirken und Handeln Aller kann sich auch die Welt der Einzelnen in ihrer Weise ausfüllen und vollenden.

Die erste natürliche Stufe dieser prädestinirten Vereinigung, des socialen Lebens macht die Familie aus. Hier steht die Wiege, hier liegt der Keim der gesammten Menschheit. Dasselbe physisch-ethische Band, welches die Individuen umschlingt und verbindet, weist auch die Familien auf einander an und gruppirt sie zu Familienvereinen, zu Stämmen und diese erweitern sich zu Völkern und Nationen, bis sie in der Gesammtheit des Menschengeschlechtes die Idee der ganzen Gattung repräsentiren.

So wenig willkürlich aber diese socialen Gruppen entstehen, ebenso wenig sind die Elemente, wodurch sie erhalten, die Kräfte, wodurch sie erweitert, und die Gesetze, nach denen sie veredelt werden, dem freien Willen der Einzelnen oder der Gesammtheit anheimgestellt. Sie sind unabänderlich wie die Natur, worauf sie beruhen, sie sind ewig wie die Schöpfung selbst.

Obwohl von gleicher Art und Wesenheit in ihrer allgemeinen Anlage nehmen sie aber naturgemäss wieder engere Bestimmtheiten an, je mehr sie von der Gattung zu den Gruppen herabsteigen und sich in ihrer lebendigen Erscheinung dem Individuum nähern. Es liegt dies in demselben Gesetze der Individuation, welches das ganze Reich der Menschheit, wie alle die unermesslichen Sphären des Universums, alle Reiche der Natur durchzieht und beherrscht. Gegenüber dieser neuen grossen Gruppe von Kräften und Gesetzen, welche mit der organischen Gestaltung des socialen Lebens in unmittelbarstem Zusammenhange stehen, ergibt sich auch wieder eine neue und hohe Culturaufgabe für die Individuen, wie für die Stämme, Völker und Nationen, für die ganze Menschheit. Sie ist zwar keineswegs die alleinige oder die gesammte Aufgabe des menschlichen Daseins; aber in ihr culminirt doch der grosse Bildungsprocess der Civilisation und der Humanität; in ihr concentriren sich alle anderen Elemente und Factoren, welche das Leben und die Entwicklung der Vernunft tragen und auszeichnen, wie denn überhaupt schon der Beruf zur Vergesellschaftung selbst das glänzendste charakteristische Merkmal bildet, das die Vorsehung unter allen ihren Geschöpfen für unser Geschlecht allein gleichsam reservirt zu haben scheint. Die natur- und vernunftgemässe Gliederung und Organisation, die Hebung und Veredlung des socialen Lebens, in welchem die Individuen ausser ihrem eigenen Inneren den einzigen und wahrhaften Hort zu suchen haben, ist der eigentliche Brennpunkt, in welchem sich alle Wahrheiten und Erkenntnisse, alle Zweige der Wissenschaft, alle Erfindungen und Künste, kurz alle Seiten des geistigen und des materiellen Daseins zur Erfüllung des Gesammtzweckes vereinigen müssen.

Das gesellschaftliche Leben ist andererseits aber auch wieder der frischeste und reinste Born, aus dem alle besonderen Bestrebungen, alle anderen Theilaufgaben der Völker ihre stärkste Kraft und Intensität schöpfen können und der Grad der Vernunftmässigkeit aller socialen Einrichtungen ist der höchste und verlässlichste Massstab, den der Culturforscher zur Beurtheilung der allgemeinen Bildung und Gesittung eines Volkes, der allgemeinen Civilisation der Menschheit anlegen kann.

Die Vergesellschaftung der Menschen gleicht in ihren ersten Anfängen und nach den einfachsten Lineamenten ihrer inneren Organisation dem concreten Krystallisationsprocesse oder der primitiven Zellenbildung in der materiellen Natur. Sie erhält ihre Entstehung, wie die ersten Grundzüge ihrer naturgemässen Gruppirung gleichsam aus sich selbst, ohne directe Absicht, ohne specielles Hinzuthun der Individuen, weil sie eben mit der angeborenen Wesenheit und mit der eigentlichen Bestimmung des Menschen selbst unzertrennlich verbunden ist. Je weiter aber dieser plastisch-organische Vorgang fortschreitet, je grösser die gesellschaftlichen Gruppen und Vereine anwachsen, desto reichhaltiger und mannigfacher werden auch die Factoren, die bei der Ausführung des Kunstbaues zusammenwirken und desto complicirter müssen sich auch die Fundamente gestalten, worauf das Ganze erhoben werden soll. In eben demselben Grade tritt aber auch die unabweisbare Nothwendigkeit an den Menschen heran, die geheimnissvollen Wege, die vor dem Ziele sich hindehnen, mit dem Lichte seiner Vernunft zu erhellen, selbstständig einzugreifen und die Leitung der weiteren Entwicklung in die eigene Hand zu nehmen.

Würde er den ewigen Plan der Vorsehung schon ursprünglich nach dessen 'ganzen Gliederung überblicken und die natürlichen Gebote des socialen Lebens schon von Anfang mit voller Klarheit erfassen, so wäre er auch bei richtig geleitetem Wollen leicht im Stande, dem allmäligen Wachsthum des grossen Werkes die Bahnen zu ebnen, alle vorliegenden Hindernisse zu beseitigen und es durch das sorgfältige Ablenken der drohenden Stürme vor zeitweisen Störungen oder vor gewaltsamen Unterbrechungen zu bewahren. Das hoffnungsvolle Gedeihen des Ganzen könnte sodann mit einem lebensfrischen Baume verglichen werden, der aus gesättigtem Boden hinreichenden Nahrungsstoff ziehend, in günstiger Lage vor dem rauhen Hauche des Nordens, wie vor versengenden Frösten der Nacht wirksam geschützt, unter dem milden Himmel des Südens durch die befruchtende Kraft der Frühlingssonne geweckt, strotzende Knospen ansetzt, üppige Blätter treibt, tausendfältige Blüthen entfaltet und ohne seine natürliche Entwicklung durch irgend ein schädliches Ereigniss oder durch eine ungünstige Constellation in den meteorischen Verhältnissen gehemmt oder unterbrochen zu sehen, fortschreitet bis er sich unter der zeitigenden Gluth des Hochsommers mit zahllosen saftschwellenden Früchten geschmückt hat.

Von der Vorsehung aber sind andere Anordnungen getroffen worden. Die Mittel, welche zu einem wahrhaft vernunft- und menschenwürdigen Dasein unentbehrlich sind, die materiellen und ethisch-socialen Güter des Lebens, sie sollten der Menschheit bei deren Eintritt in diese Welt nicht direct und schon in vollständiger Zubereitung mitgegeben werden, sie sollten vielmehr, obwohl in überschwenglicher Fülle aufgespeichert, vorläufig unter dem Siegel der ewigen Schöpfung verborgen bleiben; die Kräfte und Gesetze der Natur, von deren Wirksamkeit der Mensch vielfach bedingt und abhängig ist, sie sollten seinem Geiste nicht schon ursprünglich in der ungeschminkten Reinheit ihres Wesens gezeigt, sondern seiner Erkenntniss einstweilen noch verschlossen werden; ja sein eigenes Selbst sollte ihm verhüllt und mit dem Schleier des Geheimnisses verdeckt sein. Mit einem so verhängnissvollen Banne belegt sollte er, gleichsam mit verbundenen Augen, einer unendlich grossen, ihm gänzlich fremden, aber zu seiner Heimat bestimmten Welt gegenüber treten; einer Welt, die ihm auf jedem Tritte, den er in der Richtung nach seinem erhabenen Ziele machen will, neue Fragen stellt und neue schwierige Räthsel aufgibt, vor deren Beantwortung und Lösung kein wahrer und entschiedener Fortschritt in der Cultur denkbar ist; einer Welt, die ihm, ihrem künftigen Herrn und Meister, kaum dasjenige aus freien Stücken darbietet, was sie keinem ihrer niedrigsten Würmer im Staube versagt hat. Ein unsicherer Trieb, eine unbestimmte Ahnung sollte der einzige schwache Leitstern sein, der die Bestimmung erhalten hat, das Schifflein des Menschen durch das klippenreiche Meer des Lebens zu geleiten, durch die tausendfachen Gefahren und Stürme glücklich und wohlbehalten in den sicheren Hafen der Erkenntniss und der Wahrheit hineinzuführen.

Diese Fügungen des Geschickes scheinen für den Menschen sehr feindselig und überaus hart zu sein; in Wirklichkeit jedoch konnte der Schöpfer keine wohlwollendere und zugleich ehrenvollere Aufgabe finden, um ihn vor allen anderen Wesen damit auszuzeichnen. Denn nur seine eigene Arbeit soll es sein, welche dem Menschen, wenn auch erst nach den grössten Anstrengungen und Enttäuschungen, aber doch sicher alle die Schätze der Natur eröffnen und zugänglich machen kann; sein alleiniges Denken und Streben soll ihm den Weg zum Tempel der reinen Wahrheit und der allumfassenden Wissenschaft bahnen, es soll sich, von den einfachsten und unscheinbarsten Anfängen ausgehend, zur weltdurchdringenden Macht entfalten; im Lichte seines eigenen Bewusstseins, seiner eigenen Vernunft soll er das Ich, sich selbst wiederfinden, in dieser Selbsterkenntniss aber auch den ersten und zwar den entscheidenden Sieg feiern, der ihn für immer befreit von den Fesseln, die ihn bis dahin gefangen gehalten, und die Binde von den Augen nimmt, die ihm vorher sein wahres Endziel, seine letzte

Bestimmung verdeckt hatte. Die ursprüngliche Welt soll dann umgestaltet und von Neuem geordnet werden: aber Niemand anderer als der Mensch selbst soll dieser zweite Schöpfer und Ordner werden. Die blinde, mechanische Natur soll ihm allein überlassen sein, damit er aus ihren starren Elementen und Kräften eine freie, vernünftige Welt schaffe. Diese durch ihn geleitete, verschönerte und veredelte Welt soll sein eigenstes Werk bilden; hierin soll er der alleinige Gebieter und sie soll seine wahre Heimat, sein rechtmässiges Eigenthum, sein Lohn, sein Stolz sein.

Die Aufgabe ist des Menschen im höchsten Grade würdig, der Preis verlockend und die Zuversicht auf den endlichen Erfolg gross; aber auch der Weg zu diesem schönen Ziele ist weit und dunkel, der Kampf mit riesigen Schwierigkeiten und Opfern, mit unzähligen Gefahren verbunden.

Schon die einfachsten, ewigen Gesetze des Denkens, worauf die Genesis der Erkenntniss der Dinge beruht, die Grundfunctionen und Operationen der naturgemässen Logik, wodurch der Geist sich die Wahrheit unter der für einen organischen Wissenschaftbau einzig zulässigen und verwendbaren Form der Gewissheit aneignet, fordern die ernsteste Thätigkeit des menschlichen Forschens heraus und langwierige Perioden des Völkerlebens und der Weltgeschichte sind über die Länder der Erde dahingegangen, ohne dass die Menschheit auch nur den ersten wissenschaftlich vollkommen sichergestellten und verlässlichen Anhaltspunkt, das erste lebendige Glied in der unendlichen Reihe gewisser Erkenntnisse und Wahrheiten zu finden, mit Consequenz festzuhalten und weiter auszuführen im Stande gewesen wäre. Zerstreute Erfahrungen, nach vielfachen Beobachtungen mit Mühe gesammelt, vage Hypothesen, öfters aus rein zufälligen Erscheinungen und Constellationen von Thatsachen abstrahirt, selten gehörig geläutert und gereiniget von äusseren Beimischungen, zumeist nur nach einseitigen und deshalb schwankenden Maximen zu erzwungenen Systemen an einander gereiht, bildeten die einzige Grundlage der Speculation. Auf solche Weise entstanden, in so enggezogenen Umrissen abgegrenzt, selbst ohne Festigkeit, musste sie mit den Ländern und Völkern, mit den Zeitverhältnissen und Weltereignissen wie mit dem Auftauchen neuer, wenn auch ebenso mängelhafter Begriffe wesentlichen Veränderungen ausgesetzt bleiben.

Noch mehr erschwert und gestört, als er durch die complicirte Natur der Dinge selbst ohnehin schon war, wurde der Process der Wissenschaftbildung durch die tausend und tausend künstlichen Hindernisse, durch die zahllosen Sinnestäuschungen, falschen Vorurtheile und übereilten Schlussfolgerungen, durch das unbefugte Eingreifen in den naturgemässen Gedankengang von Seite der verschiedenen Leidenschaften, der rein subjectiven Wünsche und Begierden, wie einer Menge anderer trüber Zuthaten aus dem Schosse des menschlichen Gemüthes. Diese mussten um so gefährlicher und in ihren verhängnissreichen Wirkungen desto nachhaltiger werden, weil sie dem zum reinen Denken berufenen und befähigten Geiste nicht blos das Wahre und Rechte überhaupt verbargen, sondern ihn noch durch einen gleissenden Schein gänzlich verblendeten, ihm das gerade Gegentheil als wahr und recht hinstellten und unter der zweifelhaften Hülle der Dämmerung, welche die Ahnungen begleitet, eine volle Welt von Idolen und Trugbildern als wahrhaft lebendige und reale Wesen vorzugaukeln verstanden hatten, die, dem feuchten Nebel des Herbstmorgens gleich, sich nur zu rasch auf den Boden des alltäglichen Daseins niedersenken und jeden freieren Ausblick so lange versperren, bis sie vor dem Sonnenstrahl der reinen Vernunft in ihr Nichts zerfliessen müssen. Leer in sich selbst, machtlos gegenüber einer entwickelten und denkgeübten Geisteskraft, vermochten diese Phantome nur während der Kindheit des Menschengeschlechtes, während der Jugend des Verstandes Consistenz zu erschleichen. Sie konnten sich nur consolidiren und concrete Gestalt annehmen, so lange der Mensch im Gefühle seiner geistigen Unmündigkeit und Hilfsbedürftigkeit, ohne Muth und Vertrauen auf sich selbst, ohne Zuversicht in seine erhabene Bestimmung und ohne tiefere Einsicht in das wahre Wesen der ihn umgebenden Dinge, einen verlässlichen Angelpunkt für sein Leben, einen sicheren Leitstern für seine Bestrebungen und Handlungen nur ausserhalb seines eigenen Ich und ausserhalb der lebendigen Natur, nur in transcendentalen Sphären suchen zu müssen glaubte. Sie konnten nur gross und mächtig werden, so lange die Menschheit selbst klein und ohnmächtig geblieben ist.

Unter dem Zauber geheimnissvollen Dunkels, in dessen Schlingen die menschliche Vernunft und Phantasie bei den ersten, noch völlig ungewohnten Versuchen ihrer angeborenen Kraft befangen wurde, erhob sich diese imaginäre Welt bald über die wirkliche, ewige Welt der Schöpfung. Sie drang unter der Bundesgenossenschaft der Hoffnung und der Furcht und eines zahllosen Heeres menschlicher Leidenschaften weiter vor und wusste sich allein den Schein der Wahrheit, der Beständigkeit, der Ewigkeit und des Lebens zu vindiciren. Ihr äusseres Wachsthum sollte nicht eher seinen Gipfelpunkt erreicht haben, als bis sie ihre Anerkennung als die eigentliche Quelle alles Seins gefunden oder vielmehr erzwungen hatte. Und einmal festgewurzelt in den Anschauungen und Gefühlen der Völker durfte sie ihre Macht um so rücksichtsloser über alle Seiten des menschlichen Daseins verbreiten und ihre Herrschaft um so nachdrücklicher zur Geltung bringen, als sie schon nach dem Rechtstitel ihrer Entstehung und nach dem Princip der Unterordnung des Einzelnen unter das Gemeinsame, des Endlichen unter das Unendliche einer willenlosen und unbedingten Hingebung sicher sein konnte. Ihr Einfluss auf die Gestaltung und auf die gesammte Gliederung aller socialen und ethischen Bedingnisse des Völkerlebens war gerade im Anfange der culturgeschichtlichen Perioden am stärksten und vielfach allein massgebend. Er war aber nicht auch zugleich bald vorübergehend, wie er es hätte sein sollen. Zwar im Allgemeinen in Abnahme begriffen und in Bezug auf einzelne Theile bereits gänzlich aufgehoben, hat er sich bei der weitaus überwiegenden Majorität der Menschheit, der Individuen wie der Vereine, wenn auch zu verschiedenen Zeiten und bei verschiedenen Nationen unter den verschiedenartigsten Formen und unter den mannigfaltigsten Abwechslungen, doch mit ungeschmälerter Zähigkeit und Intensität bis auf den heutigen Tag wirksam zu erhalten vermocht.

Durch dieses Verhältniss der Unterwerfung der realen Welt unter die geheimnissvollen Elemente einer imaginären wurde aber die gesammte Natur und mit ihr die ganze Menschheit aus ihrer von der Schöpfung vorausbestimmten Stellung verdrängt, die oberste Aufgabe des Erdenlebens in ihren innersten Grundlagen verfälscht und das naturgemässe Ineinanderspielen der wesentlichsten Factoren aller culturhistorischen Entwicklung alterirt. Der Geist und die Natur fielen gleichsam von sich selbst ab und zwischen ihnen, die nur für einander geschaffen sind, die nur in und durch einander leben und sich veredeln können, wurde eine Kluft der Feindschaft aufgerissen, deren vollständige Ausfüllung und Beseitigung in eine unabsehbare ferne Zukunft hinausgerückt ist.

Dass es einzelnen Menschen und Menschenclassen gelungen

ist, die angebliche Vermittlerrolle zwischen jener eingebildeten und unserer wirklichen Welt allmälig ganz an sich zu reissen und unter einer solchen Aegide nach Willkür über den Rest der Menschheit, über ihr gesammtes Thun und Lassen zu gebieten, musste die Lage und das Schicksal der letzteren nur noch mehr verschlimmern. Denn dadurch wurde der Genius der Menschheit erst mit aller Entschiedenheit in eine Richtung hineingelenkt und in eine Laufbahn hinübergestossen, auf welcher er mit jedem Schritte, den er vorwärts zu thun vermeint, nur immer weiter und weiter von seinem wahren Ziele hinweggeführt würde, wenn es ihm niemals mehr möglich geworden wäre, den widernatürlichen und engen Fesseln des unheilvollen Zauberbannes herkömmlicher Meinungen und conventioneller Satzungen sich zu entziehen, dann aber auch die unerlässliche Vorbedingung einer vernunftgemässen Entwicklung, nämlich die von keiner blos äusserlichen Form abhängige, sondern ausschliesslich von den wesentlichen Gesetzen des Denkens bedingte und daher sicher geleitete Freiheit der Forschung und der Wissenschaft zurückzuerobern und auf diesem Wege für alle ferneren Bestrebungen der Menschheit einen zuversichtlichen Anhaltspunkt zu finden und festen Fuss zu fassen.

Zuerst und am dichtesten, gleichsam mit seinem ganzen Kern, verbreitete sich der Schatten, den diese imaginäre Welt auf die Völker unserer Erde geworfen hat, über die ungeheuern Länder des Orients. Ueberschwenglich wie die sämmtlichen Naturanlagen Asiens, so war auch die künstliche Sphäre, die ihren geistigen Gesichtskreis umhüllte. Alle Seiten des menschlichen Daseins, die Religionssysteme, die Speculation, die Kunst, das Rechtsleben, die Gliederung der Gesellschaft und mit ihnen alle Elemente des alltäglichen Gebahrens waren von den geheimnissvollen Kräften derselben durchdrungen und beherrscht. Nur seltene Versuche, das Dunkel zu erhellen, und diese ohnmächtig und vergeblich gegenüber den Riesenarmen, die Alles umklammert hielten!

Aber auch weiter nach Westen, nach Europa erstreckte sich ein nicht unbeträchtlicher Theil der Dämmerung. Doch hier leuchtete ihr schon frühzeitig das Licht der Vernunft und der Wissenschaft entgegen, anfangs zwar schwach und unansehnlich, immerhin aber hell und kräftig genug, um sich auf dem einmal gewonnenen Terrain behaupten, allmälig weiter verbreiten und die düsteren Wolken durchbrechen zu können, welche auch später im Laufe der Jahrhunderte zu mehreren Malen aus dem Osten herangezogen kamen, den Horizont des Abendlandes verfinsterten, die selbst erst im Aufkeimen begriffene Cultur der europäischen Völker und Staaten wieder zu vernichten und sie der asiatischen zu assimiliren drohten.

Schon der erste Schritt, den die Begründer der Wissenschaft und damit der höheren Cultur in Griechenland gethan, lieferte den Beweis, dass sie die richtige Bahn betreten hatten. Während die Speculation im Orient zumeist nur nach überirdischen und übermenschlichen Zielpunkten jagte und sich in transcendentalen Regionen ungehindert erging, wendeten die griechischen Forscher ihr Augenmerk auf die Natur und auf den Menschen selbst. Von diesen beiden Standpunkten aus sollte die Kenntniss der Aussenwelt, wie der Gesetze des ethisch-socialen Lebens gewonnen und der gesammte organische Bau der Wissenschaftbildung aufgeführt werden.

Dadurch wurde die Menschheit und die Natur in ihre wahre Stellung wieder eingesetzt, dadurch die ewige Basis aller Civilisation und deren Ausbreitung unter den Völkern für die menschliche Vernunft errungen. Mochte sich in Folge ungünstiger Constellationen die Aussicht des Geistes von Zeit zu Zeit wieder verschliessen, mochten die Menschen und die Völker manchesmal wieder von sich selbst abfallen, sich selbst verlieren, so sahen sie in den Fingerzeigen der ersten Forscher die Richtung angedeutet, in welcher sie sich selbst wiederfinden können.

Es ist eine charakteristische Erscheinung in dem Leben der Menschheit, in der Entwicklungsgeschichte der Wissenschaft und der Civilisation, dass ein neuer Aufschwung immer von jenem Momente datirt, wo der Mensch aus den Labyrinthen einer imaginären Welt sich zurückzog, sich seinem eigenen Inneren zuwendete und in sich jene Grundlage und Sicherheit suchte, die er anderwärts nur vergebens angestrebt hatte. Alle Hauptepochen der Philosophie, zum Beispiele, des Fermentes aller Cultur und Civilisation, lassen sich auf diesen einfachen psychischen Vorgang zurückführen. Derselbe Process, durch welchen sich die Philosophie eines Platon und namentlich eines Aristoteles von der unfruchtbaren Speculation des Orientes so vortheilhaft unterschied und wodurch das Geistesleben des Abendlandes in eine frische und constante Strömung versetzt wurde, sollte sich, mit den Reactionsversuchen zur Rückkehr nach Asien alternirend, noch öfters wiederholen. Wie sie zur Zeit des Sokrates vom Himmel zur Erde niederstieg, um hier erst Wurzel zu fassen und Nahrung zu schöpfen, so musste sie in den Tagen eines Giordano Bruno, eines Descartes und eines Bacon von Verulam von Neuem zu ihrer ursprünglichen Quelle zurückgeführt werden, wenn sie sich wieder erschwingen wollte aus der Jahrhunderte alten Stagnation, in die sie durch die theologisirende Speculation und Scholastik hineingerathen war. Eine weitere höhere Stufe ihrer Entwicklung erreichte sie, als Kant und seine geistesverwandten Zeitgenossen ihre philosophischen Forschungen mit den Untersuchungen der Natur des Menschen einleiteten und der Aufschwung, den dieser Wissenschaftszweig in unseren Tagen zu zeigen angefangen hat, wurzelt gleichfalls in einer erweiterten Kenntniss auf dem jetzt vielfach gepflegten Gebiete der Anthropologie. Jeder neue Einblick des Menschen in sich selbst eröffnete ihm auch neue Seiten seines Wesens; jede wissenschaftliche Frage an sich selbst wurde mit dem Aufsprossen eines neuen Zweiges, einer frischen Blüthe am ganzen Baume der Erkenntniss beantwortet.

Dasselbe erfreuliche Resultat wie in der Philosophie sehen wir auch in verschiedenen Sphären des menschlichen Daseins. Die Ansichten von dem Wesen des Menschen waren massgebend in der Rechtswissenschaft, in den Religionssystemen und in den praktischen Anordnungen des socialpolitischen Lebens. Ein Umschwung dort brachte allmälig auch hier wesentliche Neuerungen mit sich. Je tiefer und umfassender die Erkenntniss dieses ersten Ausgangspunktes geworden war, desto reichhaltiger und naturgemässer gestalteten sich auch die Wahrheiten der Religion, desto veredelter wurden die Grundsätze der Ethik, desto humaner die Bestimmungen der Gesetzgeber, desto freier und vernunftgemässer die vielgegliederte Organisation der gesammten menschlichen Gesellschaft.

Im grossen Völker- und Staatsleben ist die Richtigkeit dieser Andeutungen von jeher mit Flammenzügen ausgezeichnet worden. Beispiele aus der ältesten, mittleren und, gerade in Hinsicht auf unser Oesterreich auch aus der allerjüngsten Zeit geben ein zu verständlich sprechendes Zeugniss davon, als dass noch eine specielle Detaillirung erforderlich scheinen könnte. Die Weltgeschichte erzählt von mehr als einem Volke, von mehr als einem Staate, welche, mit herrlichen Anlagen ausgestattet, hoch cultivirt, glücklich und geachtet waren und sich eines segensreichen Friedens zu erfreuen hatten, so lange sie in sich selbst die Basis und den verlässlichsten Hort ihres Daseins suchten, aber unglücklich wurden und in Verfall geriethen, als sie, geleitet von engherzigen Anschauungen und von der Willkür einzelner Individuen oder besonderer Classen, ferne liegenden Phantomen nachzujagen und die Grenzen ihres natürlichen Berufes überschreitend ihre edelste Kraft nach verschiedenen Seiten hin zu zersplittern anfingen. Getäuscht durch den leeren Schein einer zweifelhaften Machtfülle nach Aussen, verlockt durch krankhafte Sympathien für erkünstelte Ideen und fremde Angelegenheiten blieben sie, einmal auf falsche Bahnen gerathen, blind und taub für die eigenen wesentlichsten und wahrsten Bedürfnisse und liessen sich zu Schritten hinreissen, wodurch sie nur immer mehr sich selbst entfremdet worden sind. Ohne auch fernerhin die beste Garantie eines dauernden Gedeihens und eines bleibenden Wohlstandes nur in ihrem heimatlichen Schosse allein zu erwarten, ihr höchstes Interesse vernachlässigend, verloren sie allmälig den festesten Boden einer sicheren und schönen Zukunft, während auch das angestrebte, aber trügerische Ziel aus ihren Augen entschwand; unter einer allgemeinen Zersetzung aller gesunden Factoren ihrer früheren Lebenskräfte eilten sie ihrem endlichen Untergange entgegen. Glücklich noch diejenigen, welche rechtzeitig zur Selbsterkenntniss gelangt sind oder denen ein, wenn auch noch so herbes Geschick auf ihren Irrwegen ein energisches Halt zugerufen und sie zur Rückkehr in sich selbst gezwungen hat, bevor es vollends zu spät geworden ist! Haben sie dann das Gebot der eisernen Nothwendigkeit wirklich verstanden und den Wink der in ihrem Ursprunge wie in ihren Absichten zwar feindlichen, nach ihren factischen Wirkungen jedoch glückbringenden Verhältnisse mit wahrem Ernst befolgt, haben sie ihre gesammte Thätigkeit, ihr ganzes Streben von Neuem auf das eigene Gebiet allein gerichtet und concentrirt, so haben sie auch ihre Stärke und Spannkraft wieder erlangt und mit dieser hat sich noch jedesmal, wenn anders eine Lebensfähigkeit noch übrig geblieben war, auch eine durchgreifende Regeneration und Neugestaltung des Staates und der Nation, ein jugendfrischer Aufschwung an wahrer Kraft und Macht, an intellectuellem und physischem Reichthum, eine rasche Steigerung der materiellen und geistigen Cultur als eine ebenso naturgemässe wie erfreuliche Folge des reflexiven Processes eingestellt.

Das Leben der Staaten und Völker ist hierin ähnlich dem des einzelnen Individuums, welches gleichsam aus sich selbst heraustretend unter der Wucht mannigfacher fremder Einflüsse den wahren Anhaltspunkt eines festen Charakters zu vergessen und im Gewühle der Verhältnisse zu verkommen droht, aber durch einen einzigen Blick in sein eigenes Innere sich von Neuem aufrafft und ermannt, seine Selbstständigkeit wiedergewinnt und sich zu einem charaktervollen Leben erhebt.

Was das Individuum, was der Staat und das Volk im ethischen und politisch-socialen Leben zu bedeuten haben, das ist die Natur, das ist die Erde, das Land, das einzelne Object in der Entwicklungsgeschichte der realen Wissenschaft selbst. Auch diese zeigte keinen Fortschritt, kein Leben, so lange die Forschung nur in der Unendlichkeit sich erging und sich nur an nichtssagenden Formeln anklammerte. Eine üppige Quelle des Aberglaubens, der Zauberei, der Finsterniss und der Abwendung von aller wahren Cultur und Culturfähigkeit, so lange sie nur ungerechtfertigten Voraussetzungen, überschwenglichen Gefühlen und grottesken Phantastereien zum liebgewonnenen Tummelplatze dienen musste, wurde die materielle Natur mit ihren ewigen Gesetzen und unabänderlichen Kräften der sicherste Anker und die verlässlichste Leiter zum Aufschwunge des menschlichen Daseins und der Civilisation, seitdem der sogenannte trockene Verstand und die reine Vernunft sich ihrer bemächtigte und vom Einzelnen der sinnlichen Wahrnehmung zur Allgemeinheit der Idee aufsteigend ihre Lebenspulse bis in's Universum verfolgte und untersuchte. So konnte die Beobachtung der Sternenwelt, erhebend selbst für das Auge des Ungebildeten, nur in die tausendfältigen Irrthümer und Verführungskünste der Astrologie ausarten, so lange die einfachsten und greifbarsten Vorgänge der Bewegung auf unserem kleinen Planeten unberücksichtigt geblieben sind. Als sie aber, mit Bescheidenheit sich aus den stolzen Wohnsitzen der Götter und bevorzugter Geister sich zurückziehend, vom Himmel zur Erde niederstieg, fand die wissenschaftliche Astronomie bald den Schlüssel, welcher ihr rasch das ganze Firmament in seiner räumlichen Unendlichkeit erschliessen sollte. Allerdings wurde dadurch die poetische Welt, welche das von egoistischen Wünschen überfüllte Gemüth und die von diesem beherrschte Phantasie sich geschaffen hatte, mit rücksichtslosen Schlägen zertrümmert; die Millionen funkelnder Sterne lösten sich vor der Loupe des herzlosen Verstandes in eine Unzahl dürrer Kugeln auf und die früher beseelte, von reineren Wesen bewohnte und bewegte Welt erschien nur mehr als purer, starrer Mechanismus. Aber dafür traten an die Stelle eines veränderlichen Kinderspieles all die grossartigen Wunder der Schöpfung mit ihrer ewigen Wahrheit und unerschütterlichen Beständigkeit, einzig würdig der Allmacht und der Weisheit Gottes.

Was die Geschichte der Himmelskunde andeutet, das bestättigen die Chemie mit ihrer Vorläuferin, der Alchimie, die Anatomie, die Physiologie, überhaupt alle die aus den unscheinbarsten, weil einfachsten Vorgängen und Beobachtungen herausgewachsenen Zweige der Naturwissenschaft im Allgemeinen.

Wie jede neue Erfassung einer fundamentalen Seite des Doppelwesens der Menschen je eine höhere Stufe der Cultur, eine Erweiterung der Civilisation der Völker und damit des vernunftgemässen Lebens der menschlichen Gesellschaft zur Folge hatte, so brachte jede neu auftauchende Erkenntniss der äusseren Natur, das Auffinden einer elementaren Kraft oder eines allgemein geltenden Gesetzes auf dem Felde der physischen Erscheinungen immer auch eine Erleichterung und Vervollkommnung des materiellen Daseins mit sich. Durch die gewonnene Einsicht in das Wesen der Dinge wurde dem Menschen erst die eigentliche Möglichkeit geboten, die vorhin gebundenen Gewalten der Natur frei zu machen, die zerstreuten Elemente nach Principien der Vernunft zusammen zu stellen, die ohne besonderen Plan wirkenden, in die Unendlichkeit sich verlierenden Kräfte auf ein bestimmtes Object zu concentriren und ihren Aeusserungen ein edleres Ziel anzuweisen. Es wurde dadurch erst dem Willen des Menschen anheimgestellt, die Mithilfe der verschiedenen Thätigkeiten der Aussenwelt, jede in ihrer Art und nach dem Masse ihrer Leistungsfähigkeit zu sich heranzuziehen und sie zur Erreichung seiner höheren Culturzwecke und der civilisatorischen Absichten der Vorsehung zu gebrauchen.

Jeder der zahlreichen Zweige der Erkenntniss, welche sich auf die materielle Welt bezieht, hat seine eigene Entwicklungsgeschichte; ebenso ist die praktische Verwendung derselben im Dienste der menschlichen Vernunft immer an historische Phasen geknüpft gewesen. Anfangs nur auf isolirten, häufig blos zufälligen Erfahrungen, auf spärlichen Resultaten planloser oder ganz zweckwidriger Beobachtungen beruhend war die Brauchbarkeit der Naturkräfte, die Befolgung ihrer Gesetze unzähligen Schwankungen und Zufälligkeiten, vielen Störungen und Abänderungen ausgesetzt. Je tiefer aber der Geist der Forschung eindrang in die wirkliche Natur der Aussendinge, je mehr die Erkenntniss derselben festen Fuss zu fassen vermochte, sich der wissenschaftlichen Gewissheit und Allgemeinheit näherte, desto sicherer konnte auch die Leitung, desto freier und zweckmässiger die Anwendung derselben werden. Unsere Zeit ist Zeuge davon, wessen der Mensch mit Hilfe der Natur fähig ist, seitdem er durch die Chemie, durch die Physik, die Mechanik, die zahllosen Erfindungen und die anderen Mittel der exacten Wissenschaften sich diese Welt erschlossen hat. Wenn es je in den Absichten der Vorsehung gelegen ist, die verschiedenen Nationen der Erde zusammen zu bringen, zwischen denselben engere, gesellschaftliche und verwandtschaftliche Bande herzustellen, sie in ihren Gesetzen, Gewohnheiten, Religionen, in ihrer Moralität und allgemeinen Bildung einander zu verähnlichen und so den moralischen Standpunkt der Menschheit überhaupt zu heben, dann hat unser Zeitalter zur Erreichung jener grossen Absichten ungleich mehr gethan, als alle früheren Zeitalter und Generationen, welche seit den Tagen, wo das römische Reich der Welt Gesetze, Ordnung und Civilisation gegeben, die verschiedenen Länder der Erde bevölkert haben.

Die Eisenbahn, das Dampfboot und der Telegraph, Entdeckungen und Erfindungen der neueren Wissenschaft, haben im Laufe von zwanzig Jahren dem gesellschaftlichen und dem allgemeinen Verkehrsleben der Culturvölker eine grössere Entwicklung gegeben, als es ohne dieselben in eben so vielen Jahrhunderten nicht erreicht haben würde. Nationen sowohl als Individuen werden durch die erleichterte gegenseitige Berührung und durch den lebhaften Wechselverkehr gehoben und erzogen und was in dieser Beziehung die Gesellschaft für die Einzelpersonen thut, eben das thut der grösste Culturfactor, der Handel, für die Nationen. Er vermehrt ihre Kenntnisse, weckt die Industrie, er erleuchtet und bereichert sie mit physischen und intellectuellen Gütern.

Wenn wir uns nach diesen, der Anlage unserer Einleitung angemessen, nur in ganz allgemeinen Umrissen gehaltenen Andeutungen an die oben gegebene Definition der Culturgeschichte, als der historischen Darstellung des gesammten Entwicklungsprocesses der Menschheit erinnern, so eröffnet sich nun der weitere Prospect in die Hauptaufgabe und in den ganzen Organismus der wissenschaftlichen Culturforschung.

Die erste Gliederung entsteht durch die beiden obersten Grundelemente des natürlich-socialen Weltlebens, nämlich durch die geistige, ideelle Sphäre der menschlichen Natur und durch die äussere, materielle Körperwelt. In beiden wurzelt je eine der Hauptgruppen aller Culturfactoren.

Diese beiden Welten bilden nicht, wie es einzelne philosophische und religiöse Systeme, dadurch verführt aber auch einzelne Culturforscher angenommen haben, einen diametralen Gegensatz, sondern sie sind in jeder Hinsicht homolog. Die verschiedenen Sphären auf der einen Seite finden auch ihre entsprechenden Stadien auf der andern. Sie sind nicht in irgend einer Weise getrennt oder auch nur zu einer jemals erfolgenden Trennung verurtheilt. Sie sind vielmehr wesentlich mit einander vereiniget, auf einander angewiesen; sie leben nur in dieser wechselseitigen Verbindung, sie gedeihen und entwickeln sich, ihrer ewigen Bestimmung gemäss, nicht anders als in Folge dieser organischen, das heisst allseitig einander durchziehenden Wechselwirkung.

Schon aus diesem Grunde muss es absolut unstatthaft erscheinen, wenn in einer wissenschaftlichen Culturgeschichte diese beiden Gebiete von einander abgesondert, wenn sie einander entgegengesetzt und übergeordnet werden. Es ist dies nach der Natur der Sache ebenso unzulässig, wie eine Trennung zwischen Geist und Körper im Wesen des Menschen, oder zwischen Kraft und Stoff in der sinnlich wahrnehmbaren Aussenwelt.

Will man die gegenseitige Stellung beider zu einander genauer bezeichnen, so darf der Unterschied zwischen den Dingen in ihrer realen Wesenheit und nach ihrer culturgeschichtlichen Bestimmung nicht ausser Acht gelassen werden. Muss der sogenannte Zweckbegriff von der rein wissenschaftlichen Forschung, wo es sich in oberster Instanz nur um die einfachste und unmittelbare Erfassung des Wesens der Objecte allein handelt, mit allem Rechte zurückgewiesen werden, so stellt er sich bei der Betrachtung der Entwicklung des Menschengeschlechtes mit desto stärkerer Energie ein und fordert nur desto entschiedenere Berücksichtigung, als dabei in erster Reihe die Frage nach den Wegen und Mitteln steht, welche zur Erreichung des letzten Zieles aller civilisatorischen Bestrebungen führen und beitragen können. Derselbe bezieht sich jedoch nur auf die Dinge der Aussenwelt und auf die rein materielle Seite des menschlichen Lebens. Denn nur diese haben ihre eigentliche Culturbestimmung ausser sich selbst. Der Mensch dagegen ist der Gipfelpunkt der Schöpfung; ausser seiner eigenen Sphäre findet er nichts Höheres, zu dessen Dienst oder Mittel er geschaffen sein könnte. Sein einziges Ideal trägt er, wie früher angedeutet wurde, in seinem innersten Wesen und alle Linien seiner gesammten Culturaufgabe laufen darin zusammen, dass er die Vermögen, die Anlagen und Kräfte, womit er von der Schöpfung ausgestattet worden ist, durch eigene Thätigkeit ausbilde, dass er überhaupt sein ganzes Wesen mit allen seinen höheren Eigenschaften im Leben zu verwirklichen trachte.

Die Grundfragen, welche in einer wissenschaftlichen Culturgeschichte überhaupt vorangestellt werden müssen, beziehen sich demnach erstens auf die gesammte Welt der äusseren physischen Erscheinungen oder auf die Natur im gewöhnlichen Sinne des Wortes; zweitens auf die wesentlichen Vorgänge der inneren, intellectuellen Welt oder auf das specifische Gebiet des Menschen und der Menschheit, als das mit geistigen Kräften und Fähigkeiten ausgestattete Element; drittens endlich auf das naturgemässe, organische Wechselverhältniss beider zusammen genommen.

Die Natur, vom culturhistorischen Standpunkte aufgefasst, bildet den Inbegriff aller sogenannten materiellen Mittel des Daseins. Sie ist die gemeinsame Basis aller Kräfte und Gesetze des Lebens, somit die ursprüngliche Voraussetzung, die primitive Grundlage aller Cultur und deren historischen Entwicklung selbst. Eine allgemeine Culturgeschichte, wenn sie anders wahren wissenschaftlichen Werth haben und in ihrer Art erschöpfend sein soll, kann daher unmöglich geschrieben werden, ohne dass man, wenigstens in generellen Zügen, auf die wesentlichen Anlagen und auf die charakteristischen Eigenschaften, sowie auf die kosmisch-tellurischen Kräfte und Gesetze der Natur unserer Erde, insoferne sie mit dem Culturleben und den Culturzwecken in Verbindung stehen und dieselben mitbedingen, gebührende Rücksicht nehmen wollte. Denn die Frage, was die Schöpfung dem Menschengeschlechte dargeboten, welche Mittel sie ihm zugänglich gemacht und an die Hand gegeben habe, muss nothwendiger Weise früher gestellt werden als die Frage, wie der Mensch das ihm von der Natur Gebotene sich angeeignet, wie er es verwendet, vermehrt und veredelt, wie zu seinen vernünftigen Zwecken ausgebeutet habe.

Die Beantwortung dieser Frage führt zu einer Schilderung der natürlichen Ausstattung unserer Erde im Allgemeinen oder zu einer universellen Geographie nach dem Massstabe und den Grundzügen, wie sie in der gegenwärtigen umfassenden Ausbildung dieses Wissenschaftszweiges zu Tage treten.

Die zweite, nicht weniger wesentliche Frage concentrirt sich auf die Doppelnatur des Menschen, als den Inbegriff der intellectuellen Kräfte und Gesetze, worauf die geistige Seite des Gesammtbaues des menschlichen Culturlebens beruhen muss. Die Lösung dieses Theiles der ganzen Aufgabe einer wissenschaftlichen Culturgeschichte ist Sache einer allgemeinen anthropologischen Darstellung, mit gleichmässiger Berücksichtigung der anatomisch-physiologischen wie der psychologisch-intellectuellen Verhältnisse im Wesen und Leben des Menschen. Die Forschung darf aber nicht bei der engeren Sphäre des Individuums stehen bleiben, sondern sie muss ihre Aufgabe durch die verschiedenen naturgemässen Vereine der Individuen hindurch weiter verfolgen, sich über die grösseren Gebiete der Stämme, der Nationen und Racen verbreiten, bis sie in einer allgemein gegliederten Ethnographie ihren Culminationspunkt erreicht hat.

Das organische Ineinanderspielen dieser beiden allgemeinsten Grundelemente des Weltlebens, der Natur und des Menschen, bildet das unerschöpflich reiche Object der dritten Frage. In ihm beginnt erst eigentlich das rein historische Moment der Cultur und der Civilisation, weil erst mit dieser Vereinigung beider Hauptfactoren die Möglichkeit einer lebendigen Entwicklung und demgemäss die Basis einer geschichtlichen Darstellung gegeben ist. In dem Zusammenflusse dieser beiderseitigen Elemente und der in ihnen enthaltenen Kräfte, Gesetze und Thätigkeiten liegt die Quelle und der unmittelbare Ausgangspunkt jenes grossartigen Lebensstromes, der, durch frische Zuzüge, durch neue Erkenntnisse, Wahrheiten und Ideen, durch originelle Erfindungen und Entdeckungen der mannigfaltigsten Art sich fortwährend verstärkend, die Jahrtausende der Geschichte durchfluthet, die geistige und ethisch-sociale Welt der Völker und der gesammten Menschheit mehr und mehr ausgefüllt hat.

Diese dritte Frage gliedert sich nach der wesentlichen Beschaffenheit ihres Gegenstandes wieder in zwei besondere Theile. Der eine davon muss den charakteristischen Einfluss nachweisen, welchen die Natur auf den Menschen und das gesammte Menschengeschlecht nach den verschiedenen Gruppirungen desselben ausgeübt hat und auszuüben noch immer fortfährt; der andere hat dagegen vorzugsweise die wesentlichen Modificationen zu berücksichtigen, welche durch eine den Geboten der Vernunft und den höheren Zwecken der Civilisation entsprechende Leitung der Naturkräfte von Seite des Menschen in der Thätigkeit und in der Anordnung der Producte derselben allmälig hervorgebracht worden sind.

Da aber der Entwicklungsprocess der Völker und in ihnen der Menschheit nicht immer den geraden Weg gegangen, noch sich auf die einfachsten und daher natürlichsten Mittel seiner Ausbildung beschränkt hat, sondern nur zu oft, in Folge der primitiven Unwissenheit und Unerfahrenheit der Menschen, durch die verschiedensten Täuschungen und Irrthümer zu Abweichungen verleitet und auf langwierige Umwege verführt worden; da nur zu oft ungerechtfertigte und gewaltsame Einflüsse von aussen sich geltend gemacht, das Culturleben ganzer Länder und Welttheile Jahrhunderte hindurch beherrscht und dessen regelmässigen Fortschritt gehemmt oder vollständig unterbrochen, überhaupt aber demselben einen eigenthümlichen Charakter aufgedrückt haben: so darf die Culturgeschichte diese mitbestimmenden Factoren, diese ergänzenden Zustände im Dasein und Wachsthum des Menschengeschlechtes nicht unberücksichtiget lassen. Die allgemeine Frage des Culturforschers wird demnach lauten müssen: Wie hat sich das Menschengeschlecht bei den gegebenen intellectuellen und materiellen Vorbedingungen unter den zahllosen Eindrücken und Einwirkungen fremder Elemente von den ersten Anfängen aus bis zur gegenwärtigen Höhe der Civilisation erschwingen können? Welche Phasen und Stadien sind bisher im physischen und ethisch-socialen Wachsthum der Menschheit durchlaufen worden? Welchen Läuterungen und Reinigungen hat sich der Genius des Menschen bereits unterzogen, um aus der Finsterniss zum Lichte, aus dem Labyrinthe einer erkünstelten und imaginären Welt herauszugelangen, den sicheren Boden seiner eigenen Vernunft und die Basis der natürlichen Wahrheiten wiederzufinden? In wie ferne ist der durch die besonderen Verhältnisse herbeigeführte Zwiespalt und Gegensatz zwischen der inneren Welt des Geistes und der äusseren Natur bereits behoben, in wie ferne ist der Mensch schon jetzt Beherrscher der physischen Gewalten und der rationelle Leiter derselben geworden? In welchem Grade hat er bis jetzt die Güter der Natur zur Sicherung seines Daseins, zur Steigerung seiner eigenen Macht und Freiheit, zur weiteren Ausbildung seiner Anlagen und zur allgemeinen Veredlung seines Charakters verwenden gelernt? In wie weit endlich hat das sociale Leben überhaupt, die Vergesellschaftung der Einzelnen wie der Vereine, der Völker und Staaten unter steigender Geltung der Gesetze der Humanität und Gegenseitigkeit im ganzen Umfange ihrer Bedeutung, das Völkerleben und der Völkerverkehr in allen Fragen des Daseins auf der ganzen Erde Platz gegriffen?

Bei der Beobachtung des allgemeinen civilisatorischen Strebens der Menschheit und des gemeinsamen Weges, den sie von ihrem ersten Ausgangspunkte in der Richtung des grossen Endzieles zurückzulegen im Begriffe ist, werden allmälig auch die verschiedenen Hauptzweige, in die das ganze sich naturgemäss gliedert, mit den erkünstelten und fremdartigen Zuthaten dem Culturforscher vor Augen treten. Die Geschichte der einzelnen Hauptfactoren wird, Glied für Glied, in ihrem organischen Fortschreiten, getragen von dem Leben des Ganzen und je in ihrer Art wieder auf das Ganze einwirkend, sich weiter und weiter entfalten und den Gesammtorganismus ausfüllen helfen. Und in diesem allseitigen Zusammenhange wird jeder einzelne Zweig, wie dies Eingangs hervorgehoben worden, erst seine wahre Stellung, dadurch aber auch seine höhere Weihe als wesentlicher Hebel im ewigen Plane der Vorsehung erlangen. Die geschichtliche Ausbildung des scheinbar untergeordnetsten Gliedes des materiellen Lebens wird in ihrer Art nicht weniger würdig, des Fleisses der Strebsamsten und Edelsten werth sein, als die wissenschaftliche Erforschung und Darlegung der erhabensten Ideen der Philosophie und als die höchsten Schöpfungen der schönen Kunst.

Ohne uns auf eine detaillirte Auseinandersetzung der allgemeinen Idee der Culturgeschichte und ihres reichen Organismus nach dessen mannigfaltigen Theilen einlassen zu können, mögen hier nur noch die Hauptäste des grossartigen Stammes angedeutet werden, die dann wieder einer weiteren Entwicklung zahlloser Nebenzweige zum unmittelbaren Ausgange dienen, aber in dieser besonderen Gliederung die Aufgabe einer Specialarbeit bilden.

Zunächst muss die Forschung darauf gerichtet sein, zu untersuchen, wie die Menschheit und innerhalb derselben die einzelnen Völker, angeregt durch den unwiderstehlichen Erhaltungstrieb, aus den im Schoose der materiellen Natur verborgen und zerstreut liegenden Stoffen die Basis und die Mittel des physischen Daseins zu gewinnen bestrebt gewesen ist; wie sie diese Grundlage allmälig sichergestellt, mehr und mehr erweitert und so die tausendfältigen Verhältnisse der Aussenwelt im Dienste der nach und nach erwachenden ethisch-socialen Bedürfnisse, der sich immer mehrenden und höher ausbildenden Vernunftzwecke geordnet und benützt habe. Die Geschichte der Bodencultur im allgemeinsten Sinne des Wortes, von den ersten einfachen und nur auf den dürftigsten Erfahrungen basirenden Versuchen bis zu deren gegenwärtigen, unter der Leitung der entwickelten Naturwissenschaft, der Agricultur-Chemie u. s. w. stehenden, rationellen Ausbildung der Landwirthschaft nach dem gesammten Umfange ihrer vielseitigen Gliederung füllt daher den ersten wesentlichen Theil einer historischen Darstellung der Weltcultur aus.

Bezieht sich diese erste Partie vorzugsweise auf die Gewinnung der rein materiellen Mittel, der rein natürlichen Producte, so zielt die Aufgabe des zweiten wesentlichen Theiles der allgemeinen Culturgeschichte darauf hin, die verschiedenen künstlichen Formen und deren historische Veränderungen zu berücksichtigen, welche den Rohstoffen im Verlaufe der Zeiten gegeben und aufgedrückt worden sind, um sie für die jeweiligen Bedürfnisse der Einzelnen wie der Völker und der Menschheit brauchbar zu machen, den periodischen Stadien und den daraus entspringenden und ununterbrochen fortschreitenden Anforderungen der Zeiten und ihrer bestimmt ausgeprägten Civilisation angemessen zu gestalten. Er umfasst mithin das einer unendlichen Mannigfaltigkeit und Entwicklung fähige Gebiet der gewerblichen Arbeit und der sogenannten nützlichen Kunst, von den ersten ungelenken Anfängen und Instrumenten des Handwerkes, durch die während des Verlaufes von Jahrtausenden eingetretenen Abstufungen und Verbesserungen hindurch, bis zu der auf Grundlage zahlloser wissenschaftlicher und technischer Erfindungen in's Riesenhafte gesteigerten Industrie und zu den alle Leistungen der Manufactur an Feinheit, Schnelligkeit und Grossartigkeit weit überragenden Schöpfungen der Maschinenarbeit des modernen Zeitalters.

Die ursprünglichen und rohen Producte der äusseren Natur

sowie die durch Menschenhand und mit Hilfe der Maschine hervorgebrachten Erzeugnisse des Gewerbes und der Industrie erhalten aber noch eine höhere Bestimmung und bilden ein eigenes Feld für die Bearbeitung der wissenschaftlichen Culturgeschichte durch den Umstand, dass sie, an welchem Orte sie gewachsen oder von wem immer sie hergestellt worden sein mögen, für einen allgemeinen Verkehr, für eine allseitige Strömmung durch die gesammte Menschheit nicht nur befähiget, sondern auch berufen sind. Als drittes Hauptglied in dem allgemeinen Organismus des Culturlebens und daher auch als eine der Hauptaufgaben der Culturforschung reiht sich demnach der H a n d e l mit seinen zahlreichen Verkehrsmitteln und Verkehrsadern den beiden eben bezeichneten grossen Culturzweigen würdig an. Bei den Schwerfälligkeiten des Tauschhandels beginnend erweitert er sich durch eine Unzahl von materiellen und intellectuellen Erleichterungen, durch allerlei Hebel, Springfedern, Schutz- und Trutzmittel — wie Mass und Gewicht, Markt und Messe, Carawane, Herberge, Strasse, Ruder- und Segelschiff, Eisenbahn und Dampfboot, durch Geld, Wechselbrief, Börse und Bank — bis zum allgemeinen Welthandel, bis zum freien, universellen Wechselverkehr aller Länder und Völker der Erde unter einander.

Neben und mit den materiellen Seiten des Culturlebens, unter beständiger Einwirkung, Anregung und Mithilfe derselben entfalten sich allmälig auch die intellectuellen oder die gewöhnlich sogenannten höheren Zweige, entsprechend den rein psychischen Vermögen und Anlagen des Menschen, angemessen den mit dem Gesammtleben sich fortwährend steigernden geistigen Bedürfnissen der Völker und ihrer auf einander folgenden Generationen. Während dort das physisch-materielle Interesse vorherrscht, ist hier das ethisch-scientifische mit der reinen Idee vorwaltend. Wir sagen nur: vorherrschen und vorwalten; denn in Wahrheit genommen ist das eine ohne das andere niemals und nirgends vorhanden, noch lässt es sich als getrennt oder trennbar denken. So wenig es eine rein materielle Entwicklung ohne ideelles Eingreifen im Leben des Menschen geben kann, ebensowenig ist eine Wissenschaft oder eine Kunst ohne Beziehung zum physischen Dasein möglich; ebensowenig findet sich eine wahrhafte Erkenntniss wesentlicher Ideen ohne höheren Beruf, im praktischen Weltleben verwirklicht zu werden. Der Grad der Möglichkeit, im Vernunftleben angewendet und

realisirt zu werden, ist sogar immer einer der Prüfsteine entweder
für die Wahrheit und Gründlichkeit der Erkenntniss oder für die
Wesenheit der Idee selbst.

Diese höheren Seiten der Civilisation erfüllen sich in den
grossen geistigen Culturfactoren der Poesie, der schönen Kunst,
der Religion und der Blüthe aller eigentlichen Vernunftthätigkeit, der zur Erfassung aller fundamentalen Ideen und Gesetze des
gesammten Daseins und Lebens bestimmten reinen Wissenschaft.

Mitten zwischen diesen beiden grossen Reihen der Cultur-
zweige, mit beiden in unmittelbarster Berührung, von beiden unmittelbar getragen, gehoben und veredelt, zugleich aber auch wieder auf beide mit hebender und bildender Kraft zurückwirkend,
steht das ethische Element der Civilisation mit seinen Gewohnheiten, Sitten, Einrichtungen, Anschauungen und Lebensweisen,
und das politisch-sociale mit seinen verschiedenartigen Ver-
gesellschaftungen und Associationen zu besonderen Lebenszwecken,
namentlich aber den natürlichen Vereinen, aufsteigend von der einfachsten, in der Ehe begründeten Vereinigung der Geschlechter,
sich erweiternd in der Familie, in der Gemeinde, im Stamme, Volke
und Staate, bis es in den Völker- und Staatenvereinen, zuletzt aber
in der gesammten Menschheit, als einem einheitlichen Reiche der
Schöpfung culminirt.

Dass die einzelnen wesentlichen Zweige der materiellen, der
intellectuellen, der ethischen und politisch-socialen Cultur auf das
Innigste in einander greifen und zu einem freien, harmonischen
Zusammenwirken aller in ihnen liegenden Factoren zur Erfüllung
des gesammten Lebenszweckes bestimmt sind, haben wir bereits
anzudeuten Gelegenheit gehabt.

Die Culturgeschichte lässt sich, wie die politische, eintheilen in
eine allgemeine, besondere und monographische, je
nachdem sie ihren Gegenstand in seiner ganzen Universalität, oder
nur nach einzelnen Theilen, nach ganz bestimmten, eng abgegrenz-
ten Fragen allein zu behandeln unternimmt. Die Gesichtspunkte
bleiben je nach ihrer allgemeinen Wesenheit in allen drei Abstufungen die nämlichen, nur mit dem Zusatze der individuellen und
charakteristischen Modalitäten, die je nach besonderen Rücksichten
an dem Objecte der Forschung naturgemäss hervortreten müssen.

II.

Aussereuropäische Culturgebiete.

Werfen wir nunmehr einen vergleichenden Ueberblick auf die einzelnen Welttheile selbst und betrachten wir einerseits ihre geographische Lage und Ausdehnung, die allgemeinen Umrisse und charakteristischen Züge ihrer horizontalen und verticalen Gliederung, ihre natürliche Anlage und Ausstattung, andererseits aber auch die periodischen Hauptphasen, welche sich in dem bisherigen Gange ihrer culturgeschichtlichen Entwicklung als massgebend erkennen lassen.

Den ersten Platz in einer derartigen Uebersicht muss naturgemäss die Wiege des Menschengeschlechtes und der Cultur, Asien einnehmen.

Dieser Continent ist der umfangreichste unter allen. Sein Flächeninhalt beträgt mehr als den dritten Theil des gesammten festen Landes unserer Erde. Er ist nahezu so gross wie alle Ländermassen der drei Welttheile Europa, Afrika und Australien zusammen genommen. In allen seinen natürlichen Verhältnissen und Erscheinungen offenbart sich das Grossartige und Riesenhafte als der vorherrschende Charakter, sowohl in Bezug auf die Hauptmasse als auch in Hinsicht seiner Glieder. Seine verhältnissmässig nicht zahlreichen Halbinseln haben für sich allein schon einen Flächeninhalt nahezu so ausgedehnt, wie der ganze Continent von Europa. Von diesen abgesehen bleibt für den compacten Stammkörper noch eine ungeheure Fläche, viermal so gross wie unser Welttheil in seiner Gesammtheit aufgefasst.

Der allgemeine Umfang Asiens beträgt bei 8400 Meilen. Von diesen entfallen aber beinahe 1000 auf die Landgrenze. Die übrigen vertheilen sich ihrer grösseren Hälfte nach auf die verschiedenen Halbinseln der Küsten des indischen und des pacifischen Oceans. Seine litorale Entwicklung, die nach runder Annahme in dem Verhältniss einer Meile Küstenlänge zu hundert Quadratmeilen des Flächeninhaltes ihren Ausdruck findet, zeigt somit nach dieser Richtung ein sehr bescheidenes Quantum von Factoren zu Gunsten eines regen Verkehrslebens und auch diese durchziehen keineswegs den gesammten Welttheil, sondern vertheilen sich in sehr verschiedenem Masse auf die einzelnen Seiten und Glieder des riesigen Körpers. Die Polarküste hat die geringste Abwechslung ihrer Linie. Nur da und dort ragt eine Landzunge vom Hauptstocke hinaus, aber nicht einem anderen Welttheile oder überhaupt einem Culturlande entgegen, sondern in die schauerlich erhabene Oede des Eismeeres. Je weiter sie sich erstreckt, desto monotoner und isolirter wird sie. Die Kräfte und Säfte des Naturlebens pulsiren nur langsam und schwach, unfähig, der Cultur noch eine freundliche Stätte zu bereiten. Selbst der Mensch, das kosmopolitische Wesen, sonst stark genug, um sich den Extremen der Temperatur cultivirter Gegenden ohne Gefahr für sein Dasein aussetzen zu können, muss hier dem Beispiele der Thiere folgen und sich in das Innere der Erde verkriechen, um wenigstens den rauhesten Einwirkungen eines beinahe perennirenden Winters einigermassen zu entrinnen. In den Meeresbuchten, anderwärts die belebtesten Punkte der Erde, lässt sich kein Gesang froher Matrosen vernehmen; noch unberührt von den culturweckenden Schlägen des Dampfrades rauschen die Wogen der See in feierlichem Ernst unter der Last schwimmender Eisberge.

Eine reichere Gliederung und belebtere Scenerien hat die Küste des stillen Weltmeeres aufzuweisen. Vom Ostcap bis zum Promontorium Romania sich erstreckend bildet sie die längste Seite des Welttheiles. In Hinsicht auf die penninsulare Formation ist zwar auch hier die schaffende Natur gleichsam bei einzelnen Versuchen stehen geblieben. Nur an zwei Stellen hat diese Art der Bodenbildung über die Anfänge hinausgegriffen. Obwohl jedoch Kamtschatka und Korea entschiedene Halbinseln sind und einen Umfang haben, welcher sie in einem Welttheile von der Grösse Europa's zu den hervorragendsten und wichtigsten Gliedern machen würde, können sie im Verhältniss zum Colosse Asien nur als sehr untergeordnete Theile angesehen werden, die auf das Culturleben des grossen Ganzen keinerlei Einfluss auszuüben vermögen. Viel manchfaltiger aber als die Halbinseln, erscheint auf dieser Seite die Gliederung der Gestadearchipel, welche im äussersten Nordosten mit der Absonderung von Gestadeinseln und Zwischenmeeren beginnt und im Südosten des Welttheiles ihre weitläufigsten Dimensionen annimmt.

In diesem Knotenpunkte zweier Hauptlinien fängt auch die Anlage der grossen und ausgeprägten Halbinseln an, die sich mit den entsprechenden Meerbusen auf der Südseite des Continentes in ihrer ganzen Länge hinzieht, bis sie im Westen mit Kleinasien in das mittelländische Meer herübertritt. Während die Natur von der Südostspitze Asiens aus durch den grossen Archipel eine directe Verbindung mit dem australischen Festlande anstrebt, greift sie mit der westlichsten Halbinsel und den kleinen, davor liegenden Inselgruppen gegen Europa, um sich hier an den südöstlichen Arm unseres Welttheiles anzuschliessen.

So umfangreich aber auch die einzelnen Glieder des asiatischen Continentes an sich und in Vergleich mit anderen sein mögen, sie verlieren wesentlich an culturgeschichtlicher Bedeutsamkeit, wenn man sie in ihrem Verhältniss zur Hauptmasse, zum Rumpfe des Welttheiles auffassen will. Dieser bildet nämlich die grösste undurchbrochene Landmasse auf der ganzen Erde, ein unregelmässiges Viereck, dessen kürzeste Seite schon der Längenaxe an Ausdehnung nahe kömmt. In der senkrechten Gliederung dieses Hauptstockes zeigt sich der Charakter des Grossartigen und Massenhaften am entschiedensten und zwar nicht bloss in den Gebirgen, deren Kämme und Uebergangspässe die höchsten Gipfel der europäischen Alpen noch überragen, sondern auch in den ungeheuern Tiefebenen und Tafellandschaften mit ihren unabsehbaren Wüsten und Steppen.

Asien hat Stromgebiete, die das Flusssystem unserer Donau, nach der Wolga die grösste Wasserader Europa's, um das Vierfache und mehr übersteigen. Aber in Hinsicht ihrer culturhistorischen Bedeutung stehen viele derselben, und darunter gerade die grössten, den scheinbar unansehnlichsten Flüssen unseres Welttheiles weit nach. Denn während letztere wenigstens als integrirende Glieder im reichen Organismus der europäischen Wasserstrassen die Ausbreitung der Cultur vermitteln und befördern helfen, sind jene vielfach nicht bloss durch die mächtigsten Gebirgsstöcke von einander abgeschieden, sondern es befinden sich zwischen ihnen auch die ausgebreitetsten Flächen, die von keiner Quelle durchzogen sind, oder grosse, aber in sich und von der übrigen Welt abgeschlossene Gebiete von Binnenwässern, denen bis jetzt die Culturelemente fremd geblieben sind.

Hält man die excessive Erhebung der Erde in diesem Continente zusammen mit dem Umstande, dass ein Theil desselben in die Polarregion hineinragt, während andere innerhalb der Tropenzone liegen, so ergibt sich daraus der ganze Inbegriff der entgegengesetzten Extreme in den klimatischen und vegetativen Verhältnissen. Unter den charakteristischen Merkmalen Asiens ist eines der hervorragendsten, dass hier das Binnenklima sich zwischen den äussersten Gegensätzen und Abweichungen vom Normale bewegt. Seine arktischen und subarktischen Gebiete zählen zu den kältesten, dagegen manche seiner tropischen und subtropischen Länder zu den heissesten Strichen der Erde. Hier lockt die Gluth der Sonne eine überschwengliche Fülle des Pflanzenlebens aus dem Schosse eines fetten und reichlich durchfeuchteten Bodens, dort dagegen starrt die sterile Scholle unter dem Drucke einer dicken Hülle unvergänglichen Eises. Auf der einen Seite ist Cultur unmöglich in Folge des Mangels der Naturgaben und ihrer Hilfe, auf der anderen dagegen wird sie erschwert oder doch nur zu häufig auf Irrwege geführt in Folge des Ueberflusses an den Gaben des Schöpfers.

Neben diesen entscheidenden Gegensätzen nehmen aber auch solche Länderstrecken Asiens, in denen ein segensreiches Mittelmass aller natürlichen Elemente einer edleren Cultur in hohem Grade günstig ist, die ausgedehntesten Districte der bewohnten Welt ein.

Wenn man die hervorstechendsten Momente seiner culturgeschichtlichen Entwicklung verfolgt, so liefert der asiatische Continent ein gegensatzreiches, hier starres, dort üppiges Bild, analog seiner Natur und seinem Boden.

Asien ist nicht nur die ursprüngliche Heimat der Menschheit überhaupt, sondern es beherbergt noch gegenwärtig weit über die Hälfte des gesammten Menschengeschlechtes. Die locale Gruppirung der Bevölkerung ist jedoch in verschiedenen Theilen sehr ungleichmässig. Sie knüpft sich an die Extreme des Klima's und der Fertilität der einzelnen Gegenden. Während die Volksdichtigkeit in den einen nur mit dem grössten Massstabe berechnet werden kann, sinkt sie in den andern zu äusserst geringen Zahlen herab. Im asiatischen Boden wurzelten die ersten Keime der menschlichen Cultur. Hier erreichte sie auch ihren Culminationspunkt, aber nur in der ausgesuchtesten Raffinerie, ohne viele Spuren einer wirklichen Veredlung des Charakters. In umfangreichen Districten wird die Scholle bis in's kleinste Detail zu Gunsten des Ackerbaues ausgebeutet, wie solches in keinem andern Lande der Erde wieder vorkömmt: aber kein anderer Welttheil hat auch so ausgedehnte Flächen, wo noch nicht die leisesten Ansätze der Gesittung zu entdecken sind. Asien hat Staaten aufzuweisen, die nicht mehr als ein einziges Fest im Jahre kennen, während dessen die arbeitsame Hand der Bodencultur entzogen wird und selbst dieser Feiertag ist wieder ausschliesslich der Verherrlichung der Landwirthschaft gewidmet; aber andererseits gibt es auch zahlreiche Völkerstämme in Asien, die noch kaum wissen oder ahnen, was Ackerbau sei. Der Agricultur zur Seite steht in einzelnen Stromgebieten der Kunstfleiss und der Verkehr. Wir bewundern die Manufacturen und die Hände, die solche Arbeiten zu verfertigen im Stande waren; aber ebenso sehr beklagen wir es auch, dass ein so intensiver Fleiss und solche Fertigkeiten immer ohne eigentlichen Fortschritt bleiben mussten. China hat das combinirteste Canalnetz der Welt; es ist so gegliedert, dass man alle Provinzen des grossen Reiches zu Wasser durchreisen kann, ohne jemals das Boot verlassen zu müssen; zahllose Kähne beleben diese Wasserwege: dennoch hat es selbst im Innern, bis jetzt wenigstens, kein eigentliches commercielles Leben nach abendländischem Massstabe kennen gelernt.

Asien ist vorzugsweise der Welttheil der Riesenstädte, aber auch das Gebiet der grössten Nomadenhorden ohne bleibende Wohnsitze. Das Familienleben wird überwuchert durch die Vielweiberei und diesem Auswuchse des socialen Lebens parallel läuft das Mönchswesen und das Eunuchenthum.

In Asien war es, wo sich die ersten Grundlagen einer gesellschaftlichen Ordnung und politischen Gestaltung festsetzten: aber den primitiven Formen fehlte die weiter bildende Kraft des energischen Geistes. Daher geht ihre Consolidirung nur zu bald über in Starrheit, ihre Organisation wird Mechanismus. Das Volk ist in Classen eingetheilt; aber anstatt diesen einen freien Spielraum zu gegenseitigem Ineinandergreifen und Zusammenwirken zu gewähren, werden sie durch das Kastenwesen von einander getrennt und abgeschieden, wie ihre Länder durch Hochgebirge, Steppen und Wüsten. Es fehlte auch in Asien nicht an politischen Bewegungen; auch diese nehmen vielmehr gerade hier die grössten Dimensionen an: aber anstatt besonnene und organisch vermittelnde Uebergänge zu neuen und höheren Phasen eines Staatswesens zu bezeichnen, erscheinen sie nur als plötzliche Gewaltstösse oder regellose Wanderzüge und arten in die rohesten Umwälzungen im Interesse verwegener Usurpatoren aus. Den Thaten folgen keine Werke, keine Schöpfungen; sie zeigen nur Verwüstung, Zerstörung, Vernichtung. In Asien stand, hart neben dem Altare des crassesten Fetischdienstes, die Wiege der Religion der Welt, der Humanität, der allseitigen Veredlung des Menschengeschlechtes: aber gerade in ihrer Heimat vermochte sie am wenigsten Wurzel zu fassen. Einzelne Grundzüge blieben zwar haften, aber auch diese wenigen nicht anders als in den bizarrsten Formen und in ungeschlachten Auswüchsen, die zu nichts dienen, als dass sie die Unfähigkeit der orientalischen Völker zu anregenden Culturmissionen in noch eclatanterer Weise an den Tag legen.

Der Gesammtheit der asiatischen Verhältnisse entsprechend haben sich auch die sogenannten höheren geistigen Kräfte und Thätigkeiten der Culturvölker dieses Welttheiles geäussert. Die Phantasie konnte hier, ungeachtet ihrer wiederholten Anstrengungen, die Quelle aller wahren Schöpfungen, die Welt der künstlerischen Ideale niemals erreichen. Die Versuche zu kühnerem Fluge, gewaltig wie sonst nirgends in ihrem Anlaufe, schlugen nur zu frühzeitig um und verirrten sich auf die wildesten Abwege grottesker Phantasterei, vergebens bemüht, sich von der rohen Materie loszuringen und ihr die Weihe der Schönheit einzuhauchen. Die Anhäufung der Masse sollte ersetzen, was sie durch ästhetische Beherrschung der Formen zu bewirken nicht im Stande ist. Unfähig, das reine und ungekünstelte Licht der einfachen Wahrheit zu ertragen, sucht sie ihren Boden in den unsicheren Regionen geheimnissvollen Dunkels.

In Asien tauchten zuerst und schon vor Jahrtausenden Erfindungen auf, ihrer Natur nach dazu geeignet und berufen, die mächtigsten Hebel und epochemachende Factoren der allgemeinen Weltcultur zu werden: dort aber fehlte der zündende Funke, die Sonne der freiforschenden und schaffenden Vernunft, um das Gefundene in seiner umfassenden Bedeutsamkeit zu ergreifen, es nach jeder Richtung zum bleibenden Wohle der Menschheit und ihres allmäligen Fortschreitens in Verwendung zu bringen. Die Wissenschaft so wenig wie die Kunst vermochte in Asien sich aufzuschwingen zur Höhe lebendiger und Leben spendender Ideen. Wie die Kunst in der Masse, so blieb die Wissenschaft befangen in den hergebrachten Formen. Zwar an zahllosen Stätten reichlich genährt von prachtliebenden Dynasten wurde sie dennoch niemals stark genug, um die Fesseln socialer, politischer und religiöser Dogmen zu sprengen, sich zur Unbefangenheit und Freiheit der Forschung und damit erst zu wahrhaftem Geistesleben zu erheben. Unter dem erschlaffenden Einflusse übermächtiger Gönner blieb sie in Jahrtausende langer Einförmigkeit und Stagnation stehen. Die gelehrten Anstalten in Persien, Armenien, in vielen Städten des Euphratthales und in Vorderasien überhaupt entfalteten allerdings einen grossen Glanz um ihre Protectoren, aber sie spendeten kein Leben. Sie gleichen dem trügerischen Lichte des Mondes, der nur scheint, nicht aber der Sonne, die auch erwärmt und befruchtet.

Der Anregung und Hilfe einer veredelnden Kunst und befruchtenden Wissenschaft entbehrend, wagten auch der Ackerbau im weitesten Sinne des Wortes, die Manufactur und die Fabrikation, je in ihrer eigenthümlichen Art und nach asiatischem Style vielseitig zu staunenswerther Höhe und Blüthe gelangt, nicht aus den vorgeschriebenen und altgewohnten Bahnen herauszutreten und würdigere Ziele in's Auge zu fassen.

Selbst der Handel, seiner ganzen Natur nach gleichsam das belebende und anregende Princip, schien hier seine Wesenheit zu verleugnen. Ein grosser und nicht der schlechteste Landstrich von Asien hat seit den ersten Tagen der Geschichte theils als Quelle, theils als Durchzugslinie eines Waarenzuges gedient, der sich vom äussersten Nordwesten bis zum entlegensten Südosten der alten Welt, ja noch weiter und sehr wahrscheinlich über den grossen südöstlichen Archipel bis nach dem jetzigen Australien erstreckt hat, Jahrtausende früher, als Tasman und Cook an dessen Küste landeten. Aber der Antheil, den die spezifisch asiatischen Völkerschaften an diesem Welthandel nahmen, kann kein eigentlich activer genannt werden, in dem Sinne, wie man etwa von mercantilen Unternehmungen der westlichen Stämme, der Araber, der Phönizier, der Handelsstädte am Mittelmeere oder moderner Seestaaten spricht.

Der Riesenleib Asiens war zu ungelenk und starr, als dass der noch jugendliche Geist der ersten Völker, mit seiner noch ungeübten Kraft ihn hätte bewegen können. Asien war durch die ihm angeborne Fülle der ernährenden Geschenke der Natur ganz dazu geeignet, die Geburtsstätte und die Wiege des Menschengeschlechtes zu werden, aber es taugte nicht zur Schule desselben.

Die Völker, die zur Pflege der Cultur bestimmt waren, mussten die Heimat verlassen, sie mussten auswandern und einen günstigeren Boden aufsuchen, um ihm die hoffnungsvollen Keime wahrer menschlicher Gesittung und Veredlung anvertrauen zu können. Erst die in der Fremde grossgewordene Cultur, der erfahrene, durch tausendjährige Uebung seiner Anlagen und Fähigkeiten erstarkte Geist kann, wenn er sich wieder seinem Mutterlande zuwendet, dasselbe aus seiner bisherigen Unbeweglichkeit aufrütteln, den Riesengliedern auch riesenhafte Lebenskräfte einhauchen, das Ganze auf diese Weise, mit den Hebeln der modernen Wissenschaft in Fluss bringen und allmälig seiner Bestimmung entgegen führen.

Nach der räumlichen Ausdehnung aufgefasst muss den zweiten Platz in unserer übersichtlichen Betrachtung das Festland von Afrika einnehmen, während es nach der Gliederung seines Gebietes entweder an der ersten oder an der letzten Stelle stehen müsste, je nachdem die Vergleichung von der grössten Einförmigkeit oder Abwechslung der Formen der Welttheile ausgehen würde.

Der Flächenraum dieses Continentes, wenn gleich viel kleiner als Asien, nimmt doch immer noch mehr als den fünften Theil der gesammten Landmasse der Erde ein. Obwohl ausser der nur wenige Stunden breiten Landenge von Sues, die ihn mit seinem nordöstlichen Nachbar unmittelbar verbindet, auf allen Seiten vom Meere umflossen, ist seine Küste doch nicht über vierthalbtausend Meilen lang. Er hat somit unter sämmtlichen Welttheilen die geringste Küstenentwicklung. Seine äussere Umgrenzung ist, wenn durch irgend etwas, nur durch ihre Monotonie, durch ihren beinahe vollständigen Mangel an Abwechslung und horizontaler Gliederung ausgezeichnet. Nur wenige und bescheidene Ansätze zu Halbinseln und Meerbusen lassen sich an ihr wahrnehmen und selbst die Gestadeinseln, unbedeutend an Zahl wie an Umfang, können unmöglich einen Einfluss auf das Culturleben des Welttheiles ausüben. Er repräsentirt beinahe nichts als continentale Masse, nichts als compacten Rumpf. Die Längenachse desselben übersteigt die Linie seiner grössten Breite um nicht mehr als sechzig Meilen. Sie hält ausserdem die gleiche Richtung mit dem Meridian ein.

Mit Recht wird Afrika der Tropencontinent genannt. Denn es enthält nicht nur der Ausdehnung nach das meiste heisse Land, sondern auch dem Grade nach das heisseste, wenn man die verhältnissmässig kleinen Districte von Arabien und Ostindien, als Punkte der höchsten bisher bekannten Temperatur, ausser Rechnung lassen will. Mit Ausnahme des breiten Nordrandes und des Caplandes mit den anstossenden Gebieten dehnt sich die ganze Landmasse Afrika's innerhalb der Wendekreise aus, so dass nur der unbedeutendste Theil des Ganzen über die subtropische Region hinausreicht. Afrikanische Hitze und Dürre sind sprichwörtlich geworden. Andererseits kann es, wo die Natur befruchtende Feuchtigkeit in hinreichender Menge spendet und damit günstigere Verhältnisse vorbereitet hat, eine Vegetation bieten, welche zu den üppigsten der Erde gehört und von keiner anderen als der ostindischen und südamerikanischen übertroffen wird.

Afrika, ein integrirendes Glied der alten Welt, mit Staaten, welche als Träger und Vermittler der Urgesittung des Menschengeschlechtes angesehen werden, der nächste Nachbar des am meisten vorgeschrittenen Continentes, hat bisher an der Entwicklung der Weltcultur nur einen sehr bescheidenen Antheil genommen, dessen Spuren sich jetzt nicht mehr genau unterscheiden und verfolgen lassen. Die ungeheure Länderfläche des mittleren Afrika ist bis auf den heutigen Tag noch immer weit abseits der Bahn stehen geblieben, auf welcher die Cultur und Civilisation des Occidentes einhergeschritten ist. Abgesehen von den Küstengegenden liegt dieser Welttheil selbst gegenwärtig sogar noch zumeist ausserhalb des Gesichtskreises der Wissenschaft und der geographischen Kenntniss. Erst in neuester Zeit ist er das Hauptziel der europäischen Forschung, einer der brennendsten Fragepunkte der Wissbegierde und des Ehrgeizes für kühne Entdeckungsreisende geworden.

Allerdings lieferte das mittlere Afrika schon frühzeitig reichliches Materiale für den Betrieb des Welthandels. Aber sein grösstes Verdienst, das es dabei erworben, reducirt sich darauf, dass es die auri sacra fames der Westeuropäer stillen half, ohne Gewinn für sich selbst und ohne Vortheil für die Civilisation seiner zahlreichen und verschiedenartigen Völkerschaften. Vielmehr wurden dieselben seit ihrer Berührung mit den Spaniern und Portugiesen die unschuldigen Schlachtopfer, auf welche diese christlichen Staaten den schwersten Theil des göttlichen Fluches hinüberzuwälzen gesucht haben. Noch immer lastet der Schandfleck des afrikanisch-amerikanischen Sclavenhandels schwer auf der gesitteten Welt.

Erst den unausgesetzten Anstrengungen und den grossen Opfern der anglo-germanischen Race scheint es gelingen zu wollen, diesen Theil der Menschheit zu erlösen und ein Verbrechen gegen die Cultur und Humanität zu sühnen, dessen Urheber vor drei Jahrhunderten die romanische gewesen ist. *)

Diejenigen Länder Afrika's, von denen mit einiger Berechtigung behauptet werden darf, dass sie jemals werkthätig in den Gang der abendländischen Cultur eingegriffen und dieselbe mitbestimmen geholfen haben, beschränken sich auf den äussersten Norden und Nordosten des Welttheiles. Es ist der Ländergürtel zwischen dem mittelländischen Meere und dem Sandmeere der Sahara mit dem mittleren und unteren Nilthale. Unter einem der subtropischen Region anderer Continente ziemlich ähnlichen Himmelsstriche, dessen belebende Elemente sich mit den fertilsten Kräften eines üppigen Bodens vereinigen, grösstentheils dem mediterranen Becken angehörig, geniesst diese litorale Länderstreke mit den anderen

---

*) Der Menschenhandel in Afrika ist zwar bekanntlich schon uralt. Seit den frühesten Zeiten bildeten Negersclaven einen Hauptartikel des Karawanenhandels nach dem Orient. Aber ungleich grössere Dimensionen und die härtesten Formen nahm er vorzugsweise an, seitdem er die Richtung nach der entgegengesetzten Seite einschlug und über See der neuen Welt im Westen sich zuwendete. Von da an wuchs die Furie der Menschenjagden, der gegenseitigen Raub- und Vernichtungszüge unter den Völkerstämmen in Central-Afrika. Man schätzt die Neger-Ausfuhr nach Amerika seit deren Beginn auf mehr als 40 Millionen Menschen. Früher offener Handel wird dieses empörende Geschäft in neuester Zeit zumeist von spanischen, portugiesischen und brasilianischen Schiffen im Geheimen betrieben. Mag dadurch die Anzahl der unglücklichen Individuen auch vielleicht vermindert worden sein, so hat dagegen ohne Zweifel diese widerwärtigste aller Arten des Schmuggels der Sache selbst nur einen noch gehässigeren und grausameren Anstrich gegeben. Niemals wird Spanien, ohnehin nicht arm an schmachvollen Zügen, diese schwarze Mackel aus den Blättern seiner Geschichte austilgen können! — Wir haben hier nur diese Partie des Negerhandels hervorgehoben, weil der Gegensatz nach dieser Seite am relevantesten erscheint. Vom Asien der Vorzeit hatten die Central-Afrikaner ohnediess nur wenig für eine edlere Cultur zu erwarten. Iberien aber wäre seiner Weltstellung zu Folge vor Allen dazu berufen gewesen, die Gesittung Europa's nach Afrika zu tragen und dadurch eine alte Schuld zurückzuzahlen, die aus der Blüthezeit der arabisch-maurischen Cultur datirt. Aber Spanien hat, wie in so mancher anderen Frage des Weltlebens, auch in dieser die wahre Aufgabe eines Culturvolkes, wie der gesammten Menschheit überhaupt zu seinem eigenen Nachtheile und zum nicht geringen Schaden für fremde Länder vollständig verkannt.

Uferstaaten alle Begünstigungen, welche dieses in der Culturgeschichte vor allen Gewässern des Planeten so sehr bevorzugte Meer darzubieten im Stande ist. Ihre einzelnen Districte haben zu verschiedenen Zeiten zu den bestcultivirten und reichsten Gegenden der Erde gezählt. Sie sind lange Zeit Kornkammern für ein Weltreich gewesen. Viele ihrer Verkehrsplätze wetteiferten mit den ersten Emporien der asiatischen und europäischen Nachbarküsten des Mittelmeeres. Und gleichsam als hätte die Nähe Europa's belebend und stärkend auf Nordafrika eingewirkt — dort, wo es den wichtigsten Anlauf zur Halbinselbildung nimmt und den uralten Culturstätten in Sizilien und Unter-Italien oder Gross-Griechenland einen Arm entgegengestreckt, um sich demselben zum Austausch der Waaren und mit ihnen der Ideen näher anzuschliessen, gerade dort finden wir schon während der frühesten Vorzeit in geringer Entfernung von einander die bedeutendsten Culturanlagen, wie Alt-Carthago der Phönizier, Neu-Carthago der Römer, Utica, Tunes, Tripolis, denen sich weiterhin Hippo, Cäsarea, Kyrene, Apollonia und viele andere zwischen den äussersten Punkten von Pelusium im Osten und Sigä im Westen würdig anreihen.

Ein neuer Kranz glänzender Städte prangte zur Zeit der arabischen Blüthe von Damiat und Raschid bis nach Melila und Ceuta und alle Wechselfälle der Jahrtausende, das Steigen und Fallen ganzer Völker und Reiche überlebend blühte zu den verschiedensten Zeiten, mit nur einmaliger Unterbrechung, die stolze Tochter des grossen Alexander.

Zweimal war Nord-Afrika auf dem besten Wege, die Alleinherrschaft zur See zu erringen, zweimal stand es im Begriffe, auf die Machtverhältnisse und die Cultur in Europa massgebenden Einfluss zu gewinnen. Jedesmal unterzog es sich ehrenvoll, wenn auch mit unglücklichem Ausgange, einem Kampfe auf Leben und Tod, um das vorgesteckte Ziel zu erreichen. Zuerst unterlag es nur der zur Königin der Völker prädestinirten Roma; den zweiten entscheidenden Wendepunkt auf seiner Laufbahn bezeichnete der Sieg des Christenthums über die Lehre des arabischen Propheten. Unvergänglich aber in der Geschichte bleibt der Ruhm und das Verdienst der Araber, dass sie in Verbindung mit Syrien, Babylonien und andern Ländern der Nachfolger des Propheten während der grössten Verwirrung in Europa die Retter und Vermittler der classischen Cultur für das Abendland gewesen sind.

Ausser dem Nilthale war es jedoch niemals eine antochthone Cultur, die in Nord-Afrika aufblühte, sondern dieselbe stand jedesmal unter unmittelbarer Anregung und Einwirkung fremder Nationen, wie der Phönizier, der Griechen und Römer, später, wie gesagt, der Araber. Sie schloss sich im Allgemeinen auch immer dem Geiste und dem Character des jeweiligen Stammes und seiner Zeit an, ohne jedoch den Grundzug des orientalischen Wesens, weder in der Blüthe noch im Verfalle der auswärtigen Oberhoheit, selbst unter dem intensivsten Eindrucke, hier der römischen, dort der griechischen Form und Sprache, jemals ganz oder auf die Dauer verleugnen zu können. Zumeist war derselbe vielmehr entschieden vorwiegend.

Die Zeit der Stagnation, die vor Jahrhunderten im Gefolge der Osmanen eintrat und allen ferneren Fortschritt hemmte, scheint nun auch für diesen hoffnungsvollen Landstrich für immer vorüber zu sein. Eine neue Epoche ist im Anzuge. Dem starren asiatischen Wesen wird das formen- und farbenreiche Leben der europäischen Civilisation folgen und mit reichen Zinsen das zurückgeben, was unser Welttheil einst in seinen trübsten Tagen von dorther empfangen hat.

Die meiste Aehnlichkeit mit der einförmigen Configuration Afrika's hat die äussere geographische Gestaltung von Südamerika. Auch dieser Welttheil hat, wie Afrika, eine nur wenige Stunden lange Landgrenze. Er ist, wie dieses, in seiner ganzen übrigen Ausdehnung nur vom Meere und zwar von den grossen Weltmeeren umgeben. Aber um den dritten Theil kleiner als der monotonste Continent und obwohl gleichfalls arm an horizontaler Gliederung hat Südamerika doch eine ebenso grosse Küstenlänge aufzuweisen, so dass der Exponent ihrer Entwicklung kleiner und günstiger erscheint als bei Asien. Während in Afrika die Breite der Längenachse beinahe gleichkömmt, übersteigt sie hier die Hälfte derselben nur um Weniges. In beiden aber folgt die eine Linie der Richtung des Aequators, die andere dem Meridiane. Beide haben ihre grösste Landmasse innerhalb der Wendekreise, jedoch mit dem Unterschiede, dass Afrika zu zwei Dritteln seiner Fläche sich auf der nördlichen Hemisphäre ausdehnt, während von Südamerika wenigstens fünf Sechstel des Gebietes jenseits der Gleicherlinie liegen.

Während ferner der erstere Continent kaum über die subtropische Zone hinausreicht, erstreckt der letztere sich weit über die Mitte der gemässigten, so dass der äusserste Süden desselben seiner Temperatur nach bereits an die subpolare Region streift und dort, wie in Island, das ewige Eis vielfach bis an den Meeresspiegel hinabragt.

Andere, bedeutungsvollere Merkmale der Unterscheidung zwischen beiden Seitenstücken zeigen sich, wenn man von den Küstenformen auf das Innere der Continente eingeht.

Zunächst tritt in Südamerika gegen Afrika die Tafellandsform wesentlich zurück, das Tiefland aber nimmt ungleich grossartigere Dimensionen an. Auch die Gewässer zeigen sich in Südamerika in ganz anderen Verhältnissen. Hier entwickelt sich das grösste und wasserreichste Stromsystem auf Erden und durchzieht mit seinen zahllosen Adern die Hauptmasse des Welttheiles. Als Tropenstrom bildet der Maranhon den diametralen Gegensatz zum afrikanischen Culturflusse. Der Nil, so weit wenigstens dessen Lauf bis jetzt bekannt geworden ist, hält die Richtung von Süden gegen Norden ein; der Amazonenstrom aber ergiesst seine Wassermassen, dem Aequator entlang, von Westen nach Osten. Die namentlich für die Bodencultur directe und dadurch für alle Verhältnisse des Landes wichtigste Folge davon ist, dass hier die Anschwellung der Wassermengen aus Anlass der Tropenregen auf der ganzen Linie gleichzeitig eintritt, die Ueberschwemmungen demnach den Umfang der Inundationen Aegyptens und alles Aehnliche weit überbieten und auf unabsehbaren Strecken ewiges Sumpfland zurücklassen.

Südamerika hat aber ausserdem noch mehrere andere Stromsysteme, die, wenn auch nicht ebenso gewaltig, wie das genannte, doch immerhin noch ausgedehnt und bedeutend genug sind, dabei noch so enge ineinander greifen, um den meisten Districten des Continentes die wesentlichsten Vortheile der Wasserstrassen zugänglich zu machen. Was die geographischen Forschungen und die Entdeckungsreisen in Afrika auch noch zu Tage fördern mögen, so viel lässt sich bereits heute mit einer an Gewissheit grenzenden Wahrscheinlichkeit behaupten, dass hierin dessen westlicher Nachbar, dem die Natur die Gliederung seiner äusseren Umrisse gleichfalls nur mit sehr stiefmütterlichen Händen zugemessen hat, doch in sehr hohem Grade bevorzugt worden ist.

Diese Thatsache gewinnt aber für den Culturhistoriker noch

mehr an Bedeutung, wenn in Verbindung damit auch die Verhältnisse der Vegetation und Fertilität betrachtet werden.

Südamerika hat, wie Afrika, seine regenlosen Gebiete und Wüsten;, aber es sind nur einzelne Striche, keine Sahara's. Es hat grosse waldlose Ebenen, die sich während der Trockenzeit, nach Art der südafrikanischen Karru, in Steppen und förmliche Wüsten verwandeln, wo die Pflanzen welken und verdorren, die Thiere zum Schlafe sich verstecken und vergraben: beim Eintreten der Regenperiode dagegen geht auf den Llanos und Pampas eine ebenso rasche als vollständige Veränderung der Scenerie vor sich. Ein Naturleben, so üppig wie nirgends in der Welt, schiesst aus dem kurz vorher noch lechzenden und ausgedorrten Boden. Die versengten Flächen werden zu unabsehbaren Grasmeeren oder Graswäldern, wie man sie nach ihrem colossalen Pflanzenwuchse mit Recht nennen könnte, in denen eine ebenso mannigfache Thierwelt, insbesondere die der Insecten mit ihren Millionen und Millionen Individuen, in den wunderbarsten Gestalten und Varietäten schwelgt. Mit diesen grossartigen Pflanzenwildnissen wechseln die ausgedehntesten Urwälder ab. In Folge seiner reichen Bewässerung verbunden mit einer tropischen Lage entwickelt im grössten Theil des Continentes die Vegetation und mit dieser auch die Fauna ihre grösste Fülle auf der ganzen Erde.

Diesen natürlichen Reichthümern stehen noch unerschöpfliche Schätze an edlen Metallen und kostbaren Producten zur Seite. Aber wie jene gerade durch ihr Uebermass bisher nur dazu beitrugen, die Cultur des Landes zu erschweren und ferne zu halten, so blieben diese vorwiegend nur Triebfedern des blossen Luxus und der Ueberfeinerung, wie einst in Asien, anstatt mächtige Hebel der Veredlung und der Humanität zu werden. Südamerika, an sich reich begabt und eines besseren Looses würdig, wird auch erst dann seinen glücklicheren Anlagen entsprechen können und mit anderen Welttheilen auf einer gesicherten Bahn der Civilisation fortschreiten, wenn anstatt der spanisch-romanischen Nationalität, die aus der neuen Welt nur Objecte des Genusses zu ziehen gesucht hat, die Arbeit zur Hebung der Schätze des Bodens aber auf fremde Schultern bürdete, die anglo-germanische Race mit ihrer Arbeitsfreude und Intelligenz bei einem besonnenen Mass von Ansprüchen die Regeneration und Cultivirung desselben in die Hand nehmen wird.

Eine viel reichere Gliederung zu Gunsten der materiellen und mit dieser der geistigen Cultur, als die drei bisher bezeichneten Welttheile, zeigt uns der vierte in der Reihe, Nordamerika. Bei einem Flächenraume, nicht einmal halb so weit ausgedehnt wie Asien, haben seine Küsten doch eine Gesammtlänge, welche der des grössten Continentes nahezu gleichsteht. Die meiste wagrechte Abwechslung manifestirt sich auf den zwei entgegengesetzten Seiten, im Süden und im Norden. Auf der ersteren verlängert sich die continentale Hauptmasse in dem mächtigen Landstreifen von Mexico, gleichsam die Südspitze von Nordamerika, der vermittelst seiner Fortsetzung durch Central-Amerika, bald sich verjüngend, bald sich erweiternd, die unmittelbare Verbindung zwischen Nord- und Südamerika unterhält. Zu beiden Seiten desselben streckt sie noch je einen peninsularen Arm aus, im Westen Californien, im Osten Florida. Letzteres bildet mit der gliederreichen Inselkette von Westindien einen natürlichen Uebergang nach der südlichen Continentalmasse.

Zwischen Westindien und Central-Amerika, zwischen den Mündungen des Rio Grande und Orinoco, des Mississippi und des Magdalenenstromes breitet sich, wie das der alten Welt zwischen Europa, Afrika und den Westgestaden Asiens, vermöge seiner geographischen Lage mit diesem auch correspondirend, das grosse amerikanische Mittelmeer in seiner Doppelgliederung der mexicanischen und der caraibischen Wasserfläche aus.

Auch im Norden entwickelt dieser Welttheil eine manchfaltige, bei der extremen Lage allerdings weniger für die Cultur folgenreiche, als für die geographische Wissenschaft interessante Gliederung. Er liefert hierin das Gegenstück zur einförmigen Polarküste von Asien. Den beiden Halbinseln im Süden stehen zwei andere im Norden gegenüber, Labrador mit Neufoundland und der Complex der russischen Besitzungen mit der langgestreckten Kette der Aleuten. Der mexicanischen Landmasse aber und dem centralamerikanischen Ausläufer entspricht die peninsulare und insulare Welt, die in das Eismeer hineinragt und das Streben nach einer Vereinigung mit Grönland an den Tag legt.

In Hinsicht der verschiedenen Himmelsstriche, unter denen die einzelnen Theile des Continentes liegen, zeigt Nordamerika eine enge Verwandtschaft mit Asien. Wie dieser grosse östliche Nachbar Europa's, ebenso verbreitet sich auch dessen westlicher über alle drei Hauptzonen der Erde. Wie Asien nur mittelst seiner Halbinseln, mit Arabien, Vorder- und Hinterindien, so reicht auch Nordamerika nur mit seinen südlichen Armen, namentlich dem mexicanisch-centralen bis in die innere Region der Wendekreise hinein. Die continentale Hauptmasse liegt bei beiden vorwiegend im gemässigten Ländergürtel, einerseits jedoch noch die subpolare, andererseits die subtropische Zone berührend.

Die beiden grössten Stromgebiete von Nordamerika, das des Lawrence mit den Seen von Canada und das des Mississippi, oder nach ihrer politischen Constellation im Allgemeinen bezeichnet, das britische Nordamerika und das Unionsland, für den Culturforscher die wichtigsten und reichhaltigsten Ländergruppen des Continentes, erstrecken sich, annäherungsweise betrachtet, zwischen 50^0 und 30^0 n. Br., somit zwischen den Parallelen von Mitteldeutschland und Unter-Aegypten. Innerhalb dieser Grenzen entfaltet sich, in vielfachen Abstufungen, ein ausserordentlicher Reichthum des Naturlebens und reiht seiner Anlage nach das Land unter die hervorragendsten Gebiete der ganzen Erde.

Es würde uns von dem Zwecke dieser vergleichenden Uebersicht zu weit ablenken, wollten wir in eine detaillirte Auseinandersetzung und Beschreibung der natürlichen Verhältnisse und Grundlagen der Production und des damit verbundenen Reichthums von Nordamerika eingehen. Die Fertilität der neuen Welt ist ebenso allgemein bekannt, als es gewiss ist, dass die Urproduction dieses Landes erst die unteren Stufen erreicht hat, und noch einer beinahe grenzenlosen Steigerung fähig ist. Wir beschränken uns darauf, in Kürze anzudeuten, was die Natur selbst hinzugethan hat, um den Menschen die Wege zur Cultivirung des Bodens in den beiden Stromgebieten zu ebnen, sodann zu zeigen, wie die Nordamerikaner ihrerseits die natürlichen Hilfsmittel gebrauchen, das ihnen anvertraute Talent nutzbringend anlegen und durch eigene physische Arbeit und geistige Thatkraft zu vermehren suchen.

Fragen wir zunächst nach den grossen natürlichen Adern, durch welche die Fülle des Bodenreichthums in Nordamerika, werthlos in seiner Abgeschiedenheit, in Fluss gesetzt, auf den bunten Markt der Weltcultur geleitet und hier zur Höhe seiner ganzen Bedeutung für dieselbe gehoben werden kann. Den Kern zur Beantwortung dieser Frage bildet die Betrachtung der Stromsysteme des Landes. Wir sehen hiebei von den riesigen Becken des Eismeeres und der Hudsonsbay mit ihren zahlreichen und gewaltigen Zuflüssen ab und heben bloss die beiden wichtigsten Wasseradern, die des Lawrence und des Mississippi mit ihren herrlich angelegten und ausgestatteten Culturgebieten hervor. Der Lorenzstrom hat seinen Ursprung in St. Louis, in demselben Hochlande, wo die Quellen des Mississippi liegen. Er durchfliesst, öfters den Namen wechselnd, die Süsswassermeere von Canada und wächst so sehr an, dass er bei seinem Austritte aus dem Ontario mit dem Maranhon, mit dem er übrigens auch die Richtung seines Laufes gemein hat, an Wassermenge, an Breite und Tiefe wetteifern kann. Zuletzt bildet er einen Mündungsgolf, welcher den La Plata noch hinter sich lässt. Bis Quebec hinauf, eine Strecke von 430 englischen Meilen, vermag er die grössten Seeschiffe zu tragen. Weiter bis Montreal gelangen noch Fahrzeuge von 600 Tonnen.

In seinem natürlichen Zustande würde der Fluss, in Folge seiner zahlreichen Abstufungen, die Schiffahrt nur auf eine beschränktere Strecke gestattet und den Verkehr ungemein erschwert haben. Es trat aber die Kunst und Wissenschaft des Menschen hinzu und half das Werk der Schöpfung zur herrlichsten Wasserstrasse für einen sehr ansehnlichen Theil des besten Culturlandes von Nordamerika umgestalten. Denn zu den natürlichen Canälen, welche die Seen mit einander verbinden, hat die Hand des Menschen noch mehrere künstliche gefügt. Darunter befinden sich ausser dem Welland-Canal durch die Landenge am Niagara der Michigan-Canal, welcher die südlichen Theile des Erie und Michigan auf der kürzesten Route in Verkehr setzt, der Ridau aus dem Ontario in den Ottawafluss und zahlreiche kleinere technische Anlagen; dann die Canäle aus dem Ontario und Erie zum Hudson, aus dem Erie zum Alleghany und Ohio, endlich aus dem Michigan zum Illinois, alles Glieder des später noch zu erwähnenden, grossartigen Canalsystems im Unionslande.

Das wesentlichste Gebilde in den hydrographischen Verhältnissen Nordamerika's aber ist der Riesenstrom des Mississippi, mit seinem reichgegliederten Organismus von Wasseradern, welche den grössten Theil des Gebietes der Vereinigten Staaten durchziehen und die wichtigsten Theile desselben in gegenseitige Verbindung bringen. Er ist dazu berufen, durch seine directen und indirecten Beziehungen die Hauptpulsader des gesammten Unionslandes zu werden. Ja seine Länder werden von Verkehrslinien durchzogen werden, deren Endpunkte nur einerseits im Osten von Asien, andererseits im Westen von Europa liegen. In diesem herrlichen Wassernetze sammeln sich alle Bäche und Flüsse zwischen den Alleghanies im Osten und den Rocky Mountains im Westen, vom Superiorsee im Norden bis hinab zu den Fluthen des mexicanischen Golfes. Das ganze Stromgebiet enthält eine fünfmal grössere Ausdehnung als das unserer Donau; es ist beinahe so umfangreich, wie alle Staaten des mittleren und des westlichen Europa zusammen genommen.

Der Mississippi selbst, obwohl der Namensträger für das Ganze, ist jedoch nicht auch zugleich der grösste Fluss des Gebietes. Denn nachdem er etwas mehr als die Hälfte seines Weges nach dem Meere zurückgelegt und eine Länge erreicht hat, welche der Gesammtausdehnung unserer Donau gleichkömmt, nimmt er einen Strom auf, der ihn selbst noch um das Doppelte der Flusslänge des deutschen Rhein übertrifft und ungleich wasserreicher ist. Es ist diess der Inbegriff der meisten Gewässer aus der Ostabdachung der Rocky Mountains und der Nevadas, mit seinen trüben Fluthen der gewaltige Missouri. Unter seinen Seitenflüssen gibt es noch mehrere, welche die Hauptströme von Deutschland und Frankreich noch um ein Bedeutendes übersteigen.

Nach seiner Vereinigung mit dem Missouri zählt der Mississippi unter seinen vielen Nebengewässern noch den mächtigen Arkansas und den Red River, beide, wie der Missouri, aus den Felsgebirgen kommend. Von Osten her bringt die gesammelten Gewässer der Alleghanen der herrliche Ohio, an dessen schönen Ufern der Verkehr und das Culturleben nicht weniger rege ist, als am vereinigten Hauptstrome selbst.

Diess sind gleichsam die grossen Schlagadern, welche die Natur durch den Staatenkörper der Union verzweigt hat, um allen Gliedern desselben die Lebenssäfte der Cultur und der Gesittung einflössen zu können.

Was die Schiffbarkeit dieser Wasserlinien betrifft, so reicht dieselbe zunächst von der Mündung des vereinigten Stromes, unterhalb Neu-Orleans, bis zur Verzweigung der beiden Hauptarme und enthält eine Strecke von 1500 englischen Meilen. Von da aufwärts sind die getrennten Ströme noch schiffbar bis zu ihren untersten Katarakten, demnach der Mississippi noch in einer Ausdehnung von 900, der Missouri dagegen für sich allein noch beinahe 2800

Meilen weit, das heisst in einer Länge, welche die Linien der Donau und des Rheins zusammen erreicht. Nimmt man dazu noch die vielen und grossen Zuflüsse, die selbst wieder von ihrer Mündung in die Hauptader zum Theil auf Hunderte und selbst auf Tausende von englischen Meilen schiffbar bleiben, so muss man erstaunen über das herrliche System von Wasserstrassen und über die unermessliche innere Circulation, welche dasselbe bis in die entferntesten Winkel des ungeheuern Territoriums gewährt. Ein halbes Tausend von Dampfbooten, worunter Schiffe bis zu 2000 Tonnen, durchrauscht bereits das vielgestaltige Adernetz, beladen mit reichlichem Materiale für die materielle und geistige Cultur der Welt.

Um uns ein klareres Bild von der reichgegliederten Verzweigung dieser Wasserwege zu machen, wollen wir uns dieselbe bloss vergegenwärtigen, wie sie sich innerhalb eines kleineren Gebietes, das des Ohio, darstellt.

Das Land, welches dieser Nebenfluss, durch seine gewöhnliche Bezeichnung „la belle rivière" treffend charakterisirt, bewässern muss, hat eine Ausdehnung gleich dem heutigen Frankreich. Sein ganzes Becken dehnt sich zwischen den Ostketten des Alleghanygebirges und den unteren Seen von Canada aus.

Der Ohio entsteht aus der Vereinigung zweier Quellenarme, des Alleghany und des Monongahela. Der eine davon durchzieht einen Theil des Staates New-York, der andere hat seinen Ursprung auf dem Boden von Virginien. Bei Pittsburg zusammengewachsen durchfliessen sie von da aus unter dem gemeinschaftlichen Namen zuerst den westlichen Theil von Pennsylvanien, ziehen dann, durch zahlreiche und mitunter beträchtliche Nebengewässer sich fortwährend verstärkend, weiter zwischen den herrlichen Ufern der Staaten Ohio, Indiana und Illinois auf der rechten, Virginia, Kentucky und Tenessee auf der linken Seite. Nach einem Laufe von etwas mehr als 1000 Meilen ergiesst er sich in den vereinigten Hauptstrom des Mississippi-Missouri.

Was nun die Brauchbarkeit des Ohio als Verkehrsweg für Schiffe betrifft, so erstreckt sich dieselbe nicht bloss über die ganze Linie des Flusses, welche diesen Namen trägt, sondern sie reicht noch über Pittsburg hinaus den Alleghany aufwärts bis nach dem 300 Meilen entfernten Olean.

Unter den Nebenflüssen können mit Schiffen befahren werden:

der Kanawha 70, der Kentucky 140, der Wabash sowie der Green River 220, der Cumberland 465, darunter bis Nashville, 130 Meilen, mit Dampfern, der Tennessee 560 Meilen weit, je von ihrer Mündung an gerechnet. Andere kleinere Nebenflüsse haben kürzere Schiffsrouten. In der Nähe von Louisville, wo der Strom mehrere Fälle hat, wodurch der Schiffsverkehr unterbrochen wäre, ist ein für die grössten Flussdampfer ausreichender Canal hergestellt, somit die ganze Schwierigkeit leicht umgangen worden.

Rechnet man alle schiffbaren Linien im Stromgebiete des Ohio zusammen, so ergeben sie, selbst ohne die vielen und zwar bis über 400 Meilen langen Canäle mitzuzählen, eine Schiffsroute, dreimal so lang wie die Donau, und zwar in ihrer gesammten Ausdehnung genommen.

Wir haben hiemit nur einen sehr kleinen Bruchtheil des gesammten Culturgebietes von Nordamerika einer eingehenderen Betrachtung unterzogen. Doch dürfte schon diess genügen, um einen annäherungsweisen Begriff von der Freigebigkeit zu bilden, welche die Vorsehung bei der Ausstattung dieses Landes, dessen Culturleben erst im Anfange der Laufbahn zu seinem erhabenen Ziele steht, an den Tag gelegt hat.

Aber auch die Menschen verstehen es hier, wie in keinem anderen Theile der Welt, die Pläne der Schöpfung zu erfassen, auf die Andeutungen der ewigen Ideen einzugehen, das von der Natur Gebotene weiter auszubilden, nach den Bedürfnissen der Menschen zu vervollständigen und zu vollenden. Zahllos sind in Nordamerika die technischen Bauten, ausgeführt, um die natürlichen Wasserstrassen auf künstliche Weise zu verlängern, die einzelnen Zweige des gesammten Adersystems unter einander und mit fremden Gewässern in Verkehr zu setzen und so den verschiedensten Districten des ungeheuern Länder- und Staatencomplexes alle Vortheile der Schiffsverbindungen zugänglich zu machen.

Um zu zeigen, wie hier die Thaten der ewigen Vorsehung und der freie Wille des Menschen in einandergreifen und zusammenwirken, mit vereinter Kraft aber auch wahre Wunderwerke schaffen, möge noch eine gedrängte Uebersicht der grossen Kunstbauten Platz finden, welche in neuester Zeit in Nordamerika entstanden oder im Werden begriffen sind, aber lediglich der Erweiterung, Erleichterung und Beschleunigung des grossen Verkehrs gewidmet sind. Zur Vermeidung übermässiger Weitläufigkeit sollen jedoch, mit Hinweglassung der tausend und tausend verhältnissmässig untergeordneteren Leistungen, nur die hervorragendsten Werke berührt werden, welche zugleich am besten geeignet erscheinen, den Muth, die Kühnheit, um nicht zu sagen die Verwegenheit der Herren der neuen Welt bei ihren Unternehmungen in das hellste Licht zu stellen und ein nachahmenswürdiges Vorbild für die Bewohner anderer Continente zu geben.

Anknüpfend an das eben betrachtete Gebiet des Ohio und dessen natürliche Wasserlinien erwähnen wir zuerst des Erie-Canals, der mit Einrechnung seiner verschiedenen Speisecanäle eine Ausdehnung von 424 Meilen zeigt, somit beinahe fünfmal so lang ist wie der Sues-Canal und einen Aufwand von mehr als 200 Millionen Francs gefordert hat.

In Hinsicht auf Länge muss nächst dem genannten der Wabash- und Erie-Canal angeführt werden, der sich in Evansville im Staate Indiana bis nach der Grenze von Ohio erstreckt und 380 Meilen lang ist. Sodann kömmt der Ohio- und Erie-Canal, welcher den Ohiofluss in Portsmouth mit dem Erie-See in Cleveland verbindet und 370 Meilen Länge misst. Das nächstwichtigste Werk dieser Art in demselben Gebiete ist der Chesapeake- und Ohio-Canal, 185 Meilen mit 55 Millionen, vom Potomac in Georgetown bis zu den Cumberland-Minen in Maryland, nachdem der ursprüngliche Plan, ihn bis zum Ohio auszudehnen, noch nicht zur Ausführung gekommen ist. Er hat einen Zweigcanal bis nach Alexandria mit einem grossartigen Aquaduct über den Potomac. Gleichfalls ein wichtiges Werk ist der Jamesriver- und Kanawha-Canal in Virginien, welcher diese beiden Flüsse und dadurch den Ohio mit dem Ocean in Verbindung setzt. Er ist 148 Meilen lang und erforderte $30\frac{1}{2}$ Mill. Frcs. Ohne in der langen Reihe ähnlicher Werke weiter zu gehen sei nur noch erwähnt, dass sich die Gesammtlänge der Canalbauten in den Vereinigten Staaten auf über 4500 Meilen beläuft, mit einem Aufwande von mehr als zwei Milliarden (2250 Mill. Fr.)

Wie weit der klare, praktische Blick des Nordamerikaners reiche, wie hoch sich seine Unternehmungslust steigern könne, möge unter anderm eine kurze Skizze des nachstehenden Projectes begreiflich machen.

Im Juni 1863 tagte eine Versammlung, in welcher fast alle loyalen Staaten der Union durch Delegaten vertreten waren, in der Stadt Chicago, Massregeln zu ergreifen, um dem nächsten Congress die Wichtigkeit der Eröffnung eines Verbindungscanals zwischen dem Mississippifluss und dem Michigansee und der Erweiterung der Schleusen des mit demselben in Verbindung stehenden Eriecanals an's Herz zu legen. Die Staatsklugheit eines solchen Unternehmens wurde zunächst auf militärische Motive basirt. Denn wenn ein derartiges Werk zu Stande käme, so wäre die Regierung der Vereinigten Staaten im Falle eines Krieges mit Gross-Britannien im Stande, eine Kanonenbootflotte entweder von New-Orleans oder von New-York aus nach den nördlichen Seen, gegen Canada zu dirigiren. Zur Erreichung des Zweckes wurde vorgeschlagen, auf den Illinois- und Des Plaines-Flüssen eine sogenannte Todtwasser-Schifffahrt durch Abdämmung einzuführen und den gegenwärtigen Illinois-Michigancanal zu solchen Dimensionen zu erweitern, dass Kanonenboote und Mississippi-Dampfer erster Classe nach den Seen gelangen könnten; ferner auch die Schleusen des Erie-Oswego-Canals von New-York zu solchen Dimensionen auszudehnen, dass ein 25 Fuss breites und 200 Fuss langes gepanzertes Kanonenboot mit einem Tiefgange von nicht über 6 Fuss 6 Zoll durchzukommen im Stande wäre. Die Gesammtkosten der beiderseitigen Arbeiten sind auf 90 Mill. Fr. präliminirt worden.

Die Hauptargumente zur Motivirung des grossen Unternehmens waren jedoch nicht militärisch-strategischer, sondern commercieller Natur. Der Bericht, den die Handelskammer von Chicago in dieser Absicht verfasste und der Versammlung vorlegte, enthält namentlich in Bezug auf die natürliche Beschaffenheit des Mississippi-Thales und Beckens folgende interessante Angaben, deren Anführung zugleich unser nur nach den allgemeinsten Zügen aufgefasstes Bild vervollständigen möge.

Nach demselben umfasst das Stromgebiet des Mississippi, zwischen den Rocky Mountains und den Alleghanygebirgen ein Territorium von etwa 1,240.000 Quadratmeilen oder mehr als die Hälfte der Gesammtfläche der Vereinigten Staaten. Die schiffbaren Flüsse verästen sich innerhalb dieses Gebietes nach allen Richtungen und ihnen zur Seite stehen die fünf grossen Binnenseen, die durch den Lawrence mit dem Ocean in Verbindung sind. Der Handel auf diesen Seen allein beläuft sich auf einen jährlichen Werth von mehr als zweitausend Millionen und wurde im Jahre 1862 durch 1643 Schiffe mit 413,026 Tonnengehalt betrieben. Der Handel auf dem Mississippi und seinen grösseren Nebenflüssen war, vor dem Ausbruch des Krieges, kaum von geringerem Werthe. Der jährliche Kornertrag war nach demselben Berichte bereits auf die Höhe einer halben Milliarde Scheffel gestiegen und die Ausfuhr an Brodstoffen überhaupt betrug jährlich bei 700 Mill. Fr. Es wird hierauf in dem Memoriale geltend gemacht, dass, wenn die Canäle nach dem gemachten Vorschlage erweitert werden, die Production sich verhundertfachen würde, ohne den Gewinn des Producenten zu schmälern, da das Gebiet westlich von den Seen bis zu den Rocky Mountains und von Cairo, selbst Memphis nördlich bis einschliesslich Minnesota in praktischer Weise dem Markte um Hunderte von Meilen näher gebracht, dadurch aber der Werth des Bodens auf der ungeheuern Fläche erhöht werden muss.

Dazu kommt noch, dass der Handel des Mississippi-Thales in nicht sehr ferner Zeit durch Zuflüsse aus den Goldgegenden in den Rocky Mountains, im Columbia-Thale und an der Küste des stillen Meeres vermehrt werden wird. Das Kupfer und Eisen vom Superiorsee, das Blei von Illinois und Wisconsin, die Kohlenfelder des grossen Beckens und das Silber und Gold der Felsengebirge, alles diess wird dazu beitragen, den Reichthum des grossen Westens immer mehr zu steigern und dessen Production fortwährend zu beleben.

Schliesslich wurde die absolute Nothwendigkeit der Ausführung der vorgelegten Projecte besonders dadurch hervorgehoben, dass man die vollständigste Unzulänglichkeit der gegenwärtigen Verkehrswege und Transportmittel, so grossartig sie an sich sind, mit treffenden Vergleichen und Ziffern nachwies und zugleich zeigte, wie durch Anlagen neuer Eisenbahnen allein den Verhältnissen des nordamerikanischen Lebens kein Genüge geleistet, dem schon jetzt herrschenden Mangel nicht gründlich abgeholfen und das Mass der immer steigenden Bedürfnisse und Anforderungen unmöglich befriediget werden könne.

Obwohl für den Augenblick noch nicht definitiv entschieden, unter den vorwaltenden Constellationen der im Bürgerkriege stehenden Unionsstaaten erklärlicher Weise auch noch nicht in Angriff genommen, lässt sich bei dem prononcirten Charakter der Nordamerikaner doch mit aller Zuversicht erwarten, dass ein einmal projectirtes Werk nicht lange unausgeführt bleiben werde, welches für das gesammte volks- und staatswirthschaftliche Leben des grossen, unzweifelhaft einer beinahe unendlichen Entwicklung fähigen und einer nahen reichen Zukunft entgegeneilenden Landes von so durchgreifenden Folgen sein muss und nach seiner allseitigen Realisirung nichts Geringeres als die Vereinigung zweier Weltmeere zu bedeuten hat.

Aber nicht nur die natürlichen und die künstlichen Wasserstrassen sind es, welche den gegenseitigen Verkehr der Menschen, den Austausch der Ideen, die Circulation der Waaren und des Geldes in diesem Lande wie in keinem anderen so sehr beleben und ununterbrochen steigern. Denn nicht weniger grossartig, umfangreich und vielseitig gegliedert, als die Flüsse und Canäle, sind die zahllosen Linien und Strecken der Schienenwege, welche dasselbe nach allen Richtungen durchziehen.

Um diess mit wenigen Worten anschaulich machen zu können, dürfte es vielleicht genügen, den Status der Eisenbahnen vom 1. Januar 1862 innerhalb der Vereinigten Staaten mit summarischer Kürze anzuführen.

Die Gesammtlänge der Bahnstrecken, welche sich schon beim Beginne des vorletzten Jahres im Bereiche des Unionsgebietes in wirklichem Betriebe befunden haben, betrug nicht weniger als 33,222 Meilen. Mehr als halb soviel, nämlich 17,892 Meilen, war im Bau begriffen — zusammen die enorme Summe von 51,114 Meilen, das ist mehr als der doppelte Umfang der ganzen Erde. Das Capital, welches zur Vollendung dieser Unternehmungen erforderlich wurde, erreicht die Höhe von 6000 Millionen Fr. oder nicht viel weniger als die gesammte Staatsschuld von Oesterreich.

Es charakterisirt den regen Eifer, womit in Nordamerika nützliche Unternehmungen begonnen und ausgeführt werden, wenn man berücksichtiget, dass zehn Jahre früher noch nicht mehr als 10.900 Meilen Eisenbahn hergestellt waren, der grosse Rest somit erst in dem kurzen Zeitraume eines einzigen Decenniums zur Realisirung gelangt ist.

Die Bedeutung dieser Zahlen tritt noch mehr hervor, wenn man bedenkt, dass sich dieselben nur auf einen Theil des Unionsgebietes beziehen; denn die grosse Gebirgswelt im Westen steht erst im Begriffe, in den Kreis der Eisenbahnlinien des Mississippi-Thales und damit des Ostens von Nordamerika hineingezogen zu werden.

Um nun auch in Bezug auf die Anlage von Eisenbahnen, wie wir es bei den Canälen gethan, ein Beispiel anzuführen, bis zu

welchen riesigen Dimensionen der kalte, berechnende Verstand und
die combinirende Phantasie der Bürger der Union sich zu erschwingen vermögen, brauchen wir nur der Pacific-Eisenbahn zu erwähnen, die bereits über das Stadium des blossen Entwurfes hinaus,
im Entstehen begriffen ist und die weltgeschichtliche Bestimmung
hat, die grosse Ebene der Mitte, beziehungsweise den äussersten
Osten mit dem fernsten Westen der neuen Welt, den atlantischen
Ocean mit dem stillen Meere durch die ausgedehnteste Strecke der
Vereinigten Staaten zu verbinden.

Es ist diess wahrscheinlich wohl das erstaunlichste, kostbarste
und bedeutendste Werk, welches jemals auf der ganzen Welt ver-
sucht worden ist. Es ist nicht bloss die ungeheuere Entfernung,
welche zu durchkreuzen ist — über 2000 Meilen — und die Menschen abschrecken könnte, ein so gigantisches Unternehmen zu beginnen, sondern es ist ausserdem auch noch die Thatsache, dass
diese Bahn durch Gegenden geführt werden muss, welche von civilisirten Menschen noch niemals betreten worden sind, in denen sich
noch keine Ansiedlungen von irgend welcher Bedeutung befinden,
über und durch Gebirge von noch ungemessener Höhe. Allein
diese Eisenbahnverbindung zwischen den atlantischen und pacifischen Staaten ist von den Nordamerikanern schon lange als eine
militärisch-strategische und commerciell-sociale Nothwendigkeit betrachtet worden und sie sind bekanntlich kein Volk, das sich durch
irgend welche Schwierigkeiten der Natur oder durch finanzielle
Bedenken von einem als nothwendig und nützlich erkannten Unternehmen abschrecken lässt. Man durfte hiebei natürlich nicht erwarten, dass irgend eine Gesellschaft von Capitalisten veranlasst
werden könnte, das pecuniäre Risico eines Werkes von solchen
Dimensionen und von dessen Betrieb selbst die Sanguiniker wenigstens eine halbe Generation hindurch keinen Gewinn zu progno-
sticiren wagten, auf ihre eigenen Schultern zu übernehmen. Da
intervenirte die Bundesregierung. Sie kam dem immensen Plane
um so rascher und energischer entgegen, als in Folge der Seces-
sion der südlichen Staaten die betreffende Entscheidung durch keine
weiteren staatsrechtlichen Rücksichten mehr gelähmt und verzö-
gert werden konnte.

Es würde uns zu weit von dem vorgesteckten Ziele ablenken,
wollten wir die Bedeutung dieser Weltlinie, insbesondere deren
Stellung zu den bereits bestehenden oder projectirten Bahnen dies-

seits der Rocky Mountains und der Nebraskas, denen sie erst ihre wahre höhere Bedeutsamkeit im Verkehrsleben verschaffen wird, auseinandersetzen, oder die näheren Details des Planes selbst anführen, nach welchem die „Union-Pacific-Eisenbahn" laut dem am 1. Juli 1862 angenommenen Gesetze ausgeführt werden soll. Ein Blick auf die Karte mag diess deutlicher aussprechen, als es eine nur allgemein gehaltene Beschreibung im Stande sein würde.

Unwillkührlich wird sich einer solchen Betrachtung auch die Vergleichung der beiden äussersten Enden der Erde anreihen, die sich nunmehr mit raschen Schritten näher rücken — Nordamerika und China — zwei Welten, zwischen denen eine Cultur von nahezu fünf Jahrtausenden ausgebreitet liegt mit allen ihren Entwicklungsphasen, Wendepunkten, Gegensätzen und Extremen: Das höchste Alter neben der frischesten Jugend; eine lange, einförmige Vergangenheit neben der unmittelbarsten, buntesten Gegenwart; die starrste Massenhaftigkeit neben der beweglichsten Gliederung; die Willkür eines Einzigen neben dem Gesetze für Alle; die stricteste Gebundenheit neben der schrankenlosesten Freiheit; in rohen Zügen gewaltige Anlagen und Versuche, aber unvermögend die leeren Formen des Herkommens zu durchbrechen und daneben eine lebendige feurige Thätigkeit, die gleichsam unvorbereitet mitten in energisches Schaffen hineinstürzt.

III.

Europa.

Kehren wir nach dieser kurzen Abschweifung in die vier grössten Ländermassen zu unserem heimatlichen Welttheile, zu Europa zurück. Wenn man Australien, dessen ganze Natur und Verhältnisse überhaupt noch wenig bekannt sind und welches bis vor kurzer Zeit für die gesellschaftlichen Fragen der civilisirten Welt nur insoferne von Interesse war, als England einen Theil seiner Verbrecher nach der Botany-Bay transportiren liess, von der vergleichenden Betrachtung ausschliessen will, so ist Europa unter allen Continenten der kleinste. Und zwar ist sein Umfang nicht bloss im Allgemeinen geringer als der aller übrigen Welttheile, sondern er steht jedem derselben um ein Bedeutendes nach. Denn sein Flächenraum umfasst nicht mehr als den fünfzehnten Theil des gesammten Festlandes der Erde; er beträgt nur ein Fünftel von Asien, beiläufig ein Drittel von Afrika und erreicht nicht einmal die Hälfte weder von Nord- noch von Südamerika.

Erscheint aber Europa als unbedeutend in. Hinsicht auf seine territoriale Ausdehnung, so ergibt sich gerade das umgekehrte Verhältniss, wenn man die Zahlen der Population der einzelnen grossen Ländergruppen mit denen von Europa in Vergleichung bringt. Obwohl nur den fünfzehnten Theil des gesammten Festlandes enthaltend ist es doch die Heimat einer so zahlreichen Bevölkerung, dass dieselbe allein beinahe den vierten Theil der ganzen Bewohnerschaft des Planeten erreicht. Die Seelenzahl Europa's ist ferner bedeutend höher als die absolute Bevölkerung von Afrika und übertrifft die der beiden ausgedehnten continentalen Glieder von Amerika zusammen, wenigstens gegenwärtig noch, beinahe um das Fünffache.

Unverhältnissmässig weit vor allen anderen Welttheilen steht unser Europa, wenn man die verschiedenen Grade der Volksdichtigkeit derselben berücksichtiget. Denn hierin erreicht es das Doppelte von Asien, mehr als das Sechsfache von Afrika und beinahe das Zwanzigfache von Amerika. Dass seine Einwohnerzahl noch einer bedeutenden Steigerung fähig sei, ergibt sich als gewiss, wenn man die weit ausgedehnten und grossentheils einer hohen landwirthschaftlichen Entwicklung zugänglichen Länderstrecken im Osten, Südosten und Süden des Welttheiles berücksichtiget. Denn wenn sich dieselben jener allseitigen Pflege werden erfreuen können, wie die Mitte und der Westen, auch abgesehen davon, dass ausser der Benutzung des Bodens die industrielle, die technische und die höhere geistige Cultur überhaupt ein unerschöpflicher Born für die Vermehrung der Population ist, so werden auch diese Districte mit dem Ganzen allmälig fortschreiten und dasselbe somit noch lange Zeit an der Spitze des Weltlebens einhergehen.

Am hervorragendsten erscheint unser kleiner heimatlicher Continent, wenn man die mannigfaltigen Erscheinungen auf dem Gebiete des Staatswesens, der Weltgeschichte und der Weltcultur zur Vergleichung heranzieht. Dabei ergeben sich als das bedeutungsvollste Resultat eines Jahrtausende alten Culturlebens, in wenigen Worten ausgedrückt, folgende Thatsachen:

Europäische Fragen sind Weltfragen,
Europäische Geschichte heisst soviel als Weltgeschichte,
Europäische Cultur ist gleichbedeutend mit Weltcultur.

Nur das harmonische Zusammenwirken ganz ausserordentlicher Factoren kann ein so eminentes Resultat zu Gunsten des kleinen Europa's herbeigeführt, ihm eine so weit greifende Weltstellung vindicirt und diesen massgebenden Einfluss auf alle Angelegenheiten des Weltlebens verschafft haben. Und in der That hat die Vorsehung den Continent mit allen zur Entfaltung und Ausbreitung der menschlichen Cultur und Civilisation erforderlichen Prärogativen in reichlichster Fülle ausgestattet. Seiner allgemeinen geographischen Lage und dem dadurch bedingten glücklichen Masse aller physischen Elemente und Kräfte, unter deren segensreicher Einwirkung der Welttheil steht, der Beschaffenheit und den angemessenen Wechselformen seines Bodens, der Gruppirung seiner einzelnen Theile, deren innigem Verhältniss zu einander und zum Ganzen — verdankt Europa und dessen Bevölkerung das reiche Leben und den regen Verkehr im Inneren; seine bevorzugte Stellung zu den übrigen Continenten und die mit seltener Manchfaltigkeit und Organisation durchgeführte Gliederung in seinen äusseren Umrissen, vermöge welcher die allgemeine Weltstrasse des Meeres dem grössten Theile der europäischen Länder überaus leicht zugänglich ist, haben die allseitigsten Beziehungen desselben nach Aussen, zu jeder Weltgegend hervorgerufen und es selbst dadurch auf jene Bahn hingeleitet, auf der es rasch zur Weltmacht und Weltherrschaft emporgestiegen ist. Weder in die Polarregion so weit hineinragend wie Asien und Nordamerika, noch in der Tropenwelt sich ausbreitend wie Afrika, Central- und Südamerika, sondern in der Mitte zwischen beiden Gegensätzen liegend bleibt Europa vor allen Extremen versengender Hitze und erstarrender Kälte bewahrt. Mit dieser charakteristischen Milderung aller Elementargewalten ist auch ein entsprechendes Ebenmass in allen Erscheinungen des Naturlebens auf das Engste verbunden. Ueberall in Europa ist Leben und Cultur, wenn auch in verschiedenen Theilen desselben in ungleichem Grade möglich gemacht. Ueberall zwar wird die Kraft des Menschen zur Thätigkeit aufgefordert; denn die Natur gibt hier ihre Spenden weder so freiwillig, noch in solcher Fülle, wie in vielen Gebieten fremder Welttheile; dafür hat aber auch beinahe nirgends Fleiss und Arbeit so sichere Aussicht auf befriedigende, ja selbst reichliche Belohnung. Und dieses Verhältniss zwischen Natur und Geist ist die beste Basis und Garantie für den civilisatorischen Fortschritt des Menschengeschlechtes. Gerade durch die von der Nothwendigkeit der Natur bedingte continuirliche Uebung seiner intellectuellen Kräfte und Fähigkeiten hat es der Europäer allmälig bis zur Beherrschung und Leitung der physischen Gewalten im Grossen, mittelst dieses mächtigen Hebels aber auch zur Beherrschung der Welt überhaupt gebracht.

Diess ist jedoch nur der allgemeinste Zug im Gesammtcharakter des europäischen Festlandes und seines Verhältnisses zur Culturbewegung der Völker. Deutlicher und sprechender treten die wesentlichen Merkmale in der Physiognomie unseres Welttheiles erst dann hervor, wenn man ihn genauer in seiner Stellung zu den anderen Continenten, in seinen inneren plastischen Verhältnissen sowie in seiner äusseren Configuration betrachten will.

Europa hängt mit Asien grossentheils unmittelbar und durch Landgrenzen zusammen, theilweise jedoch ist es durch Wasserflächen von demselben geschieden. Von Afrika ist es durch das verhältnissmässig schmale Becken des mittelländischen Meeres geographisch getrennt, culturgeschichtlich aber durch eben diese Wasserstrasse mit seinem südlichen Nachbar-Continente nur desto inniger verbunden. Die gleiche geographische Trennung und culturgeschichtliche Verbindung, wie sie das eigentliche Mittelmeer im Süden und Südosten zwischen Europa und Afrika-Asien repräsentirt, unterhält auch, und zwar in bedeutend erweiterten Dimensionen, der atlantische Ocean im Westen zwischen Europa und Amerika. Die allgemeine Weltstellung Europa's tritt am klarsten hervor, wenn man die hemisphärische Eintheilung der Erde, ohne Rücksicht auf die gewöhnliche in östliche und westliche oder in nördliche und südliche Halbkugeln, nur auf Grundlage der grössten Gruppirung der Landmasse gegenüber der ausgebreitetsten Meeresfläche zu treffen sucht. Dabei wird die eine Hemisphäre die vier Continente von Europa, Asien, Afrika, Nordamerika in ihrer gesammten Ausdehnung und selbst von Südamerika noch den weit überwiegenden Antheil enthalten, während der anderen nur der kleinere Rest des letzteren und die Inseln der Südsee nebst Australien zufallen.

Europa behauptet in dieser Constellation beinahe genau die Mitte und daraus ergeben sich seine natürlichen Beziehungen nach allen Seiten, zu Asien im Osten, zu Nordamerika im Westen, zu Afrika und Südamerika im Süden und Südwesten gleichsam von selbst. Nur die an sich ohnehin wenig hervorragende Welt der Antipoden scheint ausser seinem Bereiche gelegen zu sein. Aber in Wahrheit erstrecken sich heutzutage die Fäden der europäischen Cultur und ihrer bewegenden Kraft selbst bis nach jenen fernsten Eilanden, überallhin Leben und Aufschwung verbreitend.

Gehen die Factoren des europäischen Culturlebens zunächst von diesem Continente in seiner Gesammtheit aus und gehören sie seiner intercontinentalen Lage im Allgemeinen an, so tritt doch noch ein anderes, scheinbar blos untergeordnetes, in Wirklichkeit aber entscheidendes Moment hinzu, um auch den einzelnen Theilen und Gliedern desselben besondere weltgeschichtliche Aufgaben zu stellen, vermöge welcher sie je für ihren Theil zur Erreichung des Gesammtzieles beizutragen haben. Die Veranlassung einer solchen Theilung der Arbeit gibt zuvörderst die Richtung jener Linien, welche die grösste Länge und Breite des Continentes bezeichnen und worin er von allen übrigen Welttheilen in bedeutungsvoller Weise abweicht.

Europa bildet nichts weniger als eine in sich abgerundete

Masse Landes, wie diess namentlich in Hinsicht der beiden Tropencontinente der Fall ist. Schon die gegenseitigen Entfernungen der äussersten Punkte in Länge und Breite stehen in wesentlich verschiedenen Verhältnissen zu einander, während sie z. B. bei Afrika nahezu gleich sind. Am wichtigsten aber ist der Umstand, dass seine Längenachse weder den Parallelkreisen folgt, wie in Asien, wenn man von dem der Cultur überhaupt völlig fernegerückten Norden dieses Welttheiles absehen und nur den grossen Landstrich von Korea nach den nordwestlichen Ausläufern des Taurus in's Auge fassen will, noch die Linien der Meridiane begleitet, wie in Afrika und Südamerika, sondern dass sie, in schiefer Richtung beide durchschneidend, von Nordosten nach Südwesten, von der karischen Bucht bis zur Meerenge von Gibraltar verläuft.

Den diametralen Gegensatz dazu, nicht weniger charakteristisch für Europa, erhält man in einer anderen Linie, die füglich als die Achse der Breite angesehen werden kann, wenn eine vergleichende Betrachtung, deren Basis das culturhistorische Moment ist, sich nicht von ausschliesslich mathematischen Begriffen der reinen Geographie allein leiten lassen, sondern ihre Rücksicht vorzugsweise auf die Gebiete des regen Völkerlebens concentriren will. Die Richtung derselben steht zwischen Südosten und Nordwesten, somit senkrecht auf der Längenachse und durchzieht die grössten Verkehrsadern, die seit den ersten Perioden der ausgedehnteren Handelsgeschäfte bekannt geworden sind; ja sie bezeichnet die constante Linie, die der Welthandel von seinem Beginne bis zum Ausgange des Mittelalters beinahe ausschliesslich eingehalten hatte und auf welcher er gegenwärtig wieder mit steigender Frische zu pulsiren angefangen hat.

Endlich muss noch insbesondere darauf hingewiesen werden, dass der Kreuzungspunkt der beiden Achsen nicht, wie in den übrigen Welttheilen, in die Gegend der grössten Commassation des festen Landes fällt, sondern vielmehr weit abseits von dem Schwerpunkte der continentalen Hauptmasse liegt. Allerdings hat sich auch um ihn herum eine grössere Gruppe scheinbar gliederlosen Gebietes angesammelt. Aber anstatt einen Hemmschuh für den Verkehr und damit für das gesammte Culturleben zu bilden, ist sie eben nur umfangreich genug, um als sicherster Träger aller Elemente der Civilisation zu dienen, und es wird sich uns die Gelegenheit bieten zu zeigen, dass sie gleichsam das Herz ist, von welchem gerade die edelsten Säfte und die besten Kräfte aller Cultur als belebendes Ferment in die übrigen Glieder des continentalen Körpers und durch diese in alle Theile der Erde ausgeströmt sind. Wenn man nun nach diesen allgemeinen Zügen auch die specielleren Verhältnisse seiner doppelten Gliederung hervorzuheben sucht, so taucht die Begünstigung Europa's gegenüber den anderen Continenten immer entschiedener hervor. Obwohl es beinahe viermal kleiner ist als Afrika und eine ungleich grössere continentale Abgrenzung hat als dieses, kann es doch eine absolut grössere Küstenlänge aufweisen. Von Westen wogen die Gewässer des Oceans an seine Gestade heran, den Südrand bespült beinahe seiner ganzen Ausdehnung entlang das mittelländische Meer und die Nordspitzen umfluthet das Polarmeer. Aber es ist keineswegs eine einfache Linie, welche das Aneinanderstossen des festen und des flüssigen Elementes bezeichnet, sondern sie zeigt zahllose grosse und kleine Bogen, Meerbusen, Buchten und Einschnitte.

Vom Pole her greift das weisse Meer bis zu den Mündungen des Onega und der Dwina herab. Archangel, einst zu den blühenden Städten gehörend, ist das lebendige Bild der hier zusammenlaufenden Fäden der Cultur. Im Süden schneiden die breiten Golfe von Lyon und Genua, der lange Arm des adriatischen Meeres, der vielverzweigte Archipel zwischen Griechenland und Kleinasien, vor Allen aber die ausgedehnte Fläche des Pontus mit dem Meere von Asow tief in den Continent herein, um eine zu grosse Anhäufung des Festlandes zu verhindern. Unzählige Handelsstädte, im höchsten Alterthum wie in der neuesten Zeit hervorragend, geben Zeugniss von dem regsamen Leben und Verkehr, welcher auf dieser ganzen weiten Strecke zu allen Zeiten geherrscht hat. Und um auch der Mitte Europa's alle Vortheile einer Weltstrasse zu Theil werden zu lassen, sendet der atlantische Ocean seine Fluthen an mehreren Stellen tiefer in das Innere des gesammten Ländercomplexes. Zuerst greift er zwischen der Bretagne und Asturien bis an die Mündung der Garonne und den Fuss der Pyrenäen; dann durchbricht er das Land vollständig und bildet die Wasserstrasse zwischen Frankreich und Gross-Britannien, die sich bis in das deutsche Meer fortsetzt. Seine wichtigste Binnenader aber ist das Becken der Ostsee mit den Verzweigungen bis nach Riga, Petersburg und Tornea. Das deutsche Meer und die Ostsee mit

ihren verschiedenen Armen sind in culturgeschichtlicher Hinsicht
für die nördliche Hälfte Europa's dasselbe, was das mittelländische,
adriatische und schwarze Meer mit den dazu gehörigen Gliedern
für den südlichen Theil des Continentes zu bedeuten haben. Die
Verwandtschaft der Anlage und der Entwicklung des commerciellen Lebens der Seestädte an den Ufern der nordischen Gewässer mit den grossen Stapelplätzen an den südlichen Gestaden
erscheint nur als der sprechende Ausdruck und als das sichtbare
Product aller jener Factoren, welche in der angedeuteten Analogie
der beiderseitigen Meere und ihrer Wechselbeziehungen zum Hinterlande enthalten sind.

Diesem vielseitigen Eingreifen der Meere in seine Länder
verdankt Europa die in ihrer Art einzige Manchfaltigkeit und Abwechslung der horizontalen Gliederung, welche so weitgreifend ist,
dass schon auf 36 Quadratmeilen seines Flächeninhaltes eine Meile
Meeresküste gerechnet werden kann.

Ein solches Verhältniss der Küstenlänge zum Festlande würde
an sich allein schon hinreichend sein, die Zugänglichkeit der einzelnen Glieder Europa's sowie dessen allseitiges Ausströmungsvermögen höher zu steigern, als in jedem andern Welttheile. Dazu
aber kömmt noch ausserdem die organisch in einander greifende
Configuration der Stromgebiete selbst, vermöge welcher es in unserem Continente keinen grösseren, oder überhaupt bedeutenden
Landstrich gibt, der nicht durch einen Haupt- oder Nebenfluss mit
dem ohnehin nicht allzusehr entlegenen Meere in näherer Verbindung stände. Die Natur selbst schon hat somit im Allgemeinen
der europäischen Ländergruppe die Wege nach allen Richtungen
hin angebahnt, damit der Continent mit den anderen Welttheilen
in die lebendigste Wechselbeziehung treten könne. Sie scheint ihn
auf diese Weise gleichsam im Voraus zum Mittelgliede des Weltverkehrs, zum gemeinsamen Berührungspunkte aller höheren Interessen der Menschheit, ihrer immer rascher fortschreitenden materiellen und geistigen Cultur bestimmt zu haben.

Was nun die einzelnen Glieder des ganzen Körpers betrifft,
so treten vor Allem zwei wesentlich verschiedene Hauptgruppen
der Länder vor Augen. Die eine, nicht selten einfach Osteuropa
genannt, beginnt auf dem Höhenzuge des Uralgebirges und erstreckt
sich gegen Südwesten bis an die Karpaten oder im Allgemeinen
bis zu jener Linie, die von der Mündung der Dnjester gegen Nord-

westen am Ostfusse der Karpaten vorbei bis zur Mündung der Weichsel, das heisst von Odessa bis Danzig gezogen werden kann. Die zweite Hauptgruppe begreift das Land diesseits der letzteren Demarcationslinie oder die Mitte und den Westen des Welttheiles zusammengenommen.

Die erste Hauptgruppe, oder der nordöstliche Theil von Europa umfasst für sich allein nahezu zwei Drittel des Continentes. Nur an den Grenzen hat es einzelne bedeutende Gebirgsrücken, nach dem Innern zeigt es aber mit kaum nennenswerthen Abwechslungen eine einzige, fast ununterbrochene Ebene, grösstentheils entschiedenes Tiefland. Die weit in das Culturleben des Landes einschneidenden Verschiedenheiten der klimatischen Verhältnisse haben daher nicht, wie in anderen Theilen des Continentes, ihren Grund in den wagerechten Dimensionen des Bodens, sondern hauptsächlich in der allgemeinen geographischen Lage. Und dass das ungeheure Flachgebiet bei seiner Schutzlosigkeit gegen die culturfeindlichen Elemente des Nordens weniger günstige Factoren des civilisatorischen Fortschrittes und grössere Gegensätze in seinen natürlichen Anlagen darbietet, hat seine eigentlichen Ursachen in der gleichen Quelle.

Das sarmatische Tiefland wird nicht mit Unrecht nur bedingungsweise zu Europa gerechnet und höchstens als Uebergangsstufe von Asien, namentlich von der nördlichen Abdachung seiner riesigen Gebirgsstöcke angesehen. Denn es hat mehr als einen nahen Berührungspunkt mit dem östlichen Nachbar und zwar nicht bloss in seinen physischen Dispositionen, sondern auch in den socialen Einrichtungen seiner Bewohner.

Die russische Tiefebene hat ihre Steppen wie die Plateaux von Asien; sie hat, wie diese, ihre Nomaden. Russland hat ausgedehnte Districte, die einer ungemein hohen Cultur des Bodens zugänglich sind und die dazu befähigt wären, die Kornkammern für die Industrieländer des übrigen Europa's zu werden, wie sie es einst für Griechenland gewesen. Aber der Geist der Stabilität, der finstere Genius des Ostens mit seiner kastenmässigen Gliederung der Gesellschaft hat den Ackerbau bis in die neueste Zeit herab darnieder gehalten. Russland hat aus früheren Jahrhunderten wie in der Gegenwart Plätze aufzuweisen, die an Bevölkerungszahl den grössten Städten Westeuropa's wenig nachstanden und Emporien bildeten, die in der Geschichte des Handelsverkehrs neben die hervorragendsten Stapelorte gestellt werden durften. Aber dessenungeachtet steht deren culturhistorische Bedeutsamkeit weit hinter vielen unscheinbaren Städtchen in der Mitte und im Westen des Welttheiles zurück; sie trägt denselben Charakter an sich, wie ein Bokhara, ein Kokhand, ein Balkh und zahlreiche andere Grossstädte von Asien. Russland ist nach allen Richtungen von schiffbaren Flüssen durchzogen und bedeutende Canäle verbinden dieselben so netzartig, dass alle Hauptadern des Landes und dadurch alle Grenzmeere mit einander in unmittelbarem Verkehr stehen können. Tausende von Fahrzeugen passiren alljährlich die wichtigeren Stapelplätze. Aber in diesen scheinbar lebhaften Zügen liegt keineswegs jene befruchtende Culturkraft, welche die Handelsunternehmungen und den Verkehr der Westeuropäer von jeher so sehr ausgezeichnet hat. Die Flotten auf den sarmatischen Wasserstrassen gleichen vielmehr nur den schwerfälligen Carawanen in den Steppen von Hochasien oder in den Wüsten von Inner-Afrika. Was endlich zu Gunsten der Civilisation jemals hier geleistet worden ist, das kam nicht mit den grossen Wanderschaaren durch das sogenannte Völkerthor zwischen Ural und Kaukasus heran, sondern es geschah ausschliesslich durch Söhne des Westens, im Alterthum durch die Griechen, im Mittelalter durch die Italiener, in neuerer Zeit durch die Germanen. Und was der Nordosten Europa's für die nächste Zukunft an Verbesserungen und Fortschritten in seinen Verhältnissen zu hoffen hat, das kann ihm wieder nur von den Wirkungen der Erfindungen und Einrichtungen der westlichen Cultur zu Theil werden, die auch hier, wie im eigentlichen Asien und anderwärts, die alte starre Welt zu zertrümmern und eine neue lebendigere an deren Stelle zu setzen bestimmt sind.

Berühren wir nun mit unserer kurzen Betrachtung die zweite Hauptgruppe der europäischen Länder und betreten wir damit zugleich das eigentliche Culturgebiet der Erde überhaupt.

Das westliche Europa gliedert sich seinerseits in mehrere kleinere Gruppen. Die Abgrenzungslinie der wichtigsten Gliederung erstreckt sich von der Südspitze der sogenannten Meeralpen bis zu den Vogesen und zieht von da weiter über den Rücken der Argonnen, am linken Ufer der Maas bis zum Pas de Calais. Jenseits dieser Linie unterscheiden sich wieder drei Nebengruppen, Westeuropa im engeren Sinne des Wortes, nämlich die in grossem, gegen den atlantischen Ocean zu sich öffnenden Bogen an einander gereihte Länder-Trias von Spanien, Frankreich und England; diesseits derselben breiten sich die Gruppen des eigentlichen Mittel-Europa's aus. Die geographische Lage jeder einzelnen dieser Gruppen und ihrer besonderen Glieder charakterisirt auch deren politische und culturgeschichtliche Mission, wozu die Natur jeden Theil für sich und in Harmonie mit dem welthistorischen Berufe des Ganzen bestimmt zu haben scheint.

Spanien ist dasjenige Land von Europa, welches am weitesten gegen Südwesten vorgeschoben ist. Die Wege seiner geschichtlichen Aufgabe führen nach Südwesten, jenseits des Aequators, nach Südamerika. Iberien hat seine höhere Mission erfasst, als es diese ihm von der Natur vorgezeichneten Bahnen einschlug, auf denen es rasch zu Reichthum und Macht emporgestiegen ist. Was es für Europa und dadurch für die ganze Welt geleistet, hat es vorzugsweise in dieser Richtung gethan, namentlich durch Entdeckung und Verbindung des südlichen und südwestlichen Theiles der Erde mit unserem Continente. Es hätte seine Mission ohne Zweifel weiter verfolgen und die ihm gestellte Aufgabe auch erfüllen können, wenn es das Augenmerk von seinem wahren Ziele nicht abgewendet und den Schwerpunkt seiner politischen Wirksamkeit nicht auf fremde Bahnen verlegt hätte. Sobald es diesseits seiner natürlichen Scheidewand gegen Europa zu, diesseits der Pyrenäen zu wirken versuchte und in die Geschicke des Welttheiles entscheidend eingreifen wollte, verliess es den Boden seiner höheren Weltbestimmung und verlor dadurch das Gleichgewicht. Es wurde unglücklich für sich selbst, ohne andere Länder glücklich zu machen. Die schwerste Folge seines weltgeschichtlichen Fehltrittes war noch ausserdem, dass es auch die Macht und die Kraft einbüsste, seine ihm prädestinirten Beziehungen zu den transatlantischen Ländern in dem Masse, wie ehedem, aufrecht zu erhalten, oder in Zukunft noch zu erweitern.

Den andern Flügel dieser Trias nimmt England ein. Es hat eine gesicherte, insulare Lage, doch nahe genug dem Continente, um an allen grossen Fragen desselben theilnehmen, bei allen wichtigen Angelegenheiten und Entscheidungen bestimmend mitwirken zu müssen. Die eigentlichen Wege seiner culturhistorischen Mission aber wenden sich in nächster Instanz vorzugsweise nach dem Westen, nach Nordamerika. Es erscheint demnach als das naturgemässe, als das unmittelbarste Bindeglied zwischen

Europa, dem Westen und Nordwesten der Welt. Jedoch beruht Gross-Britanniens eigene stärkste Lebenskraft und seine gesammte Cultur weniger in den Producten seines Bodens, als auf den Erzeugnissen seiner Arbeit, seiner Industrie und technischen Wissenschaft. Solche aber beschränken sich nicht auf dieses oder jenes Land, sondern, weil unmittelbar aus der geistigen Kraft und Thätigkeit hervorgehend und direct für die allgemeine Cultur und deren Beförderung bestimmt, sind sie Eigenthum der Welt, der Menschheit. Gross-Britannien durfte sich weniger als ein anderes Land auf ein bestimmtes Ziel beschränken, es musste vielmehr die Linien seines Verkehrs nach allen Richtungen hin divergiren lassen und alles das anstreben, wozu es von Natur aus durch seine unvergleichlich günstige Lage an der Schwelle des Weltmeeres vor allen anderen Staaten der Erde befähiget worden ist. Durch diese weitreichende, organische Verkettung seiner physischen Anlagen und seiner culturgeschichtlichen Mission ist Englands Leben mit der Gesammtheit des Weltlebens selbst auf das Innigste verbunden, eine Stellung, welche Gross-Britannien auch an allen Enden der Welt durch die Gegenwart seiner ehrfurchtgebietenden Flagge signalisirt.

Zwischen Spanien und England, im Hintergrunde des grossen Länderbogens, steht Frankreich. Diese Zwischenlage und sein Zusammenhang mit dem grossen Stamme des Continentes charakterisirt seine welt- und culturgeschichtliche Aufgabe als dahin gehend, dass dieses Land auf eine Vermittlung der Interessen zwischen seinen östlichen und westlichen Nachbaren hingewiesen ist. Eine Prädominanz nach dieser oder jener Seite muss aber ausgeschlossen bleiben, so lange es seinen Beruf in der ihm vorgezeichneten Sphäre zu vollziehen sucht und die Weltlage überhaupt eine natürliche, nicht aber eine erkünstelte ist.

Zwischen der grossen sarmatischen Ebene und der in weitem Halbkreise ausgespannten Länder-Trias von Spanien, England und Frankreich verbreitet sich die bedeutungsvolle Gruppe von Mitteleuropa. Wie dieselbe geographisch die Mittellage zwischen Ost- und Westeuropa einnimmt, so hält sie auch in Bezug auf ihre territoriale Ausdehnung ein entsprechendes Mittelmass zwischen den beiden extremen Gegensätzen unseres Welttheiles. Denn annäherungsweise genommen beträgt ihr Flächeninhalt einerseits nur die Hälfte der östlichen Hauptgruppe, während er andererseits das Doppelte vom eigentlichen Westeuropa ausmacht. Mitten in der gemässigten Himmelszone gelegen, geniesst diese Gruppe ein der edleren Cultur ungemein günstiges Ebenmass aller physicalischen und organischen Elemente. Sie ist ebensoweit entfernt von der versengenden Gluth der Tropensonne wie von den erstarrenden Einflüssen der Polarregion. Nur verschwindend kleine Partien sind in Folge ihrer allzu hohen Elevation aller Cultur entzogen. Aber während wir in den ungeheuern Eiscrystallen unserer Alpen die Grossartigkeit und Erhabenheit der nordischen Welt bewundern können, entzücken uns auch die reizendsten Fluren, die üppigsten Ebenen am Fusse der nemlichen Gebirge. Während wir uns auf den Auen und an den Halden der Hochthäler über die bunteste Farbenpracht und über das saftigste Grün der Wiesen erfreuen, das auf den gepriesenen Grasflächen Scandinaviens nicht reicher sein kann, laben wir uns in den nahegelegenen Niederungen an den aromatischen Früchten, die sonst nur der südlichere Himmel zu zeitigen vermag, ohne aber dem Duft auch jene Frische geben zu können, wie es nur die mit Milde gepaarte Reinheit der Atmosphäre in den südlichen Thälern der Alpen zu Stande bringt. Und welcher Reichthum des Naturlebens liegt nicht zwischen diesen Gegensätzen!

In der horizontalen Gliederung und in der plastischen Abwechslung des Bodens von Mitteleuropa wiederholt sich unser Welttheil in verjüngtem Massstabe. Auch Mitteleuropa hat eine relativ nicht unbedeutende continentale Hauptmasse. Diese zeigt aber nicht, wie der sarmatische Osten für sich allein betrachtet, eine monotone, gliederarme Fläche, sondern wird, ähnlich dem Continente im Ganzen, vielfach von Tiefebenen, Mittellandschaften und Hochgebirgen mit den mannchfaltigsten Wechselformen durchzogen. Diesem Stamme aber schliessen sich im Norden wie im Süden Ländergruppen mit der reichhaltigsten horizontalen und verticalen Gliederung, gleichsam mit Organen der Bewegung an.

Endlich muss noch insbesondere auf die Thatsache hingewiesen werden, dass die Längenachse der mitteleuropäischen Ländergruppe identisch ist mit der culturgeschichtlichen Breiteachse des ganzen Welttheiles, das heisst dass die Hauptrichtung von Mitteleuropa den Continent selbst quer durchschneidet und dass es sich von Südosten nach Nordwesten ausdehnt. Wir heben diesen Umstand desshalb hervor, weil er am kürzesten viele Erscheinungen in der Entwicklung des abendländischen Culturlebens erklärt und weil diese Linie im Allgemeinen den Weg andeutet, welchen der Weltverkehr und mit ihm die Civilisation überhaupt einst eingeschlagen haben und Jahrtausende hindurch mit unbedeutenden Abweichungen vorzugsweise gegangen sind.

Folgen wir nach diesen generellen Anschauungen den Fingerzeigen der Natur und gehen wir in die weitere Gliederung Mitteleuropa's tiefer ein, so entfalten sich vor unseren Augen darin wieder drei verschiedene Abtheilungen, nämlich eine südöstliche und eine nordwestliche Gruppe, beide mit dem vorherrschenden Charakter der insularen und peninsularen Gestaltung; dann eine grosse Mittelgruppe, Mitteleuropa im engeren Sinne, mit dem Hauptcharakter einer mehr abgerundeten Continentalmasse. Der besondere Zug in der Physiognomie einer jeden dieser Gruppen, in Verbindung mit deren geographischen Lage, Weltstellung und Weltrichtung hat sich in der geschichtlichen Gesammtentwicklung der europäischen Völker, sowohl in Bezug auf die culturhistorische, wie auf die politische Mission der einzelnen hierher gehörigen Länder als entscheidend erwiesen.

Betrachten wir zuvörderst die südöstliche Gruppe, weil sie, chronologisch genommen, vor allen übrigen Gebieten des Continentes zur Erfüllung der cultur- und weltgeschichtlichen Aufgabe Europa's gleichsam zur propädeutischen Einleitung derselben berufen gewesen ist.

Die südöstliche Gliederung Mitteleuropa's besteht aus zwei geographisch von einander getrennten, gegenseitig selbstständigen, culturgeschichtlich aber stets auf das Engste mit einander verbundenen Theilen, nämlich aus den Halbinseln des Apennin und des Balkan, oder aus Italien und Griechenland mit ihren beziehungsweisen Inseln. Ein grosser Arm des mittelländischen Meeres, der Meerbusen der Adria, scheidet beide von einander und greift so tief zwischen ihnen herein, dass dessen innerste Bucht noch den Rand der continentalen Hauptmasse von Mitteleuropa berührt, um auch dieser noch eine grosse Ader für die belebende Circulation ihrer gesammten Culturkräfte offen und deren naturgemässe Verbindung mit dem Südosten der Welt, der einstigen Quelle der kostbarsten Handelsartikel frei zu erhalten.

Beide Glieder der südöstlichen Nebengruppe, Griechenland und Italien, sind zufolge ihrer horizontalen und verticalen Plastik in unzählige kleinere Gebiete abgetheilt. Eine Menge von Inseln, kleinere und grössere, hier in Gruppen neben einander, dort einzeln und zerstreut, umlagern Griechenland und bilden, wie absichtlich dazu geschaffen, natürliche Stationen und Landungsplätze für die nothwendig kurzen Fahrten in der Kindheit des Seewesens. Das umwogende Meer greift mit zahllosen Armen in das feste Land ein, gliedert es in viele Halbinseln und erleichtert dadurch den Verkehr aller Districte nach Aussen. Das Innere selbst wird durch mehrere Gebirgsrücken, welche von den Höhen des Balkan gegen Süden zu auslaufen und nach mehreren Richtungen verzweigen, vielfach durchzogen und dadurch in zahlreiche, von einander scharf abgegrenzte kleine Länder und Flussgebiete gruppirt — eine Gliederung, welche zunächst namentlich für die Geschichte Alt-Griechenlands, durch diese aber für die Cultur Europa's und der Welt selbst von entscheidender Bedeutung geworden ist.

Italien gehört zum Theile noch der continentalen Masse von Mitteleuropa an. Das Flussgebiet des Po bildet den Uebergang zwischen beiden. Sein eigentlicher peninsularer Charakter beginnt erst jenseits der Linie, welche vom Mündungsdelta des Padus nach der Bucht des ligurischen Meeres oder von Venedig nach Genua gezogen werden kann. Von dieser Demarcation erstreckt sich die Halbinsel conform mit dem Höhenzuge der Apenninen, mit der Längenrichtung nach Südosten geneigt, mehr als sieben geographische Breitegrade weit in das Meer hinaus. Das ganze feste Land von Italien beschränkt sich auf einen schmalen Streifen an den beiderseitigen Abhängen des apenninischen Gebirgszuges. Seine grösste Breite beträgt kaum den vierten Theil seiner Länge. Nur am untersten Ende, wo das Gebirge sich gabelt und den grösseren Arm zuerst nach Südsüdwesten wendet, um ihn jenseits der Meerenge von Messina direct nach Westen fortzusetzen, bemerkt man einen Anlauf der Natur zur concentrischen Gestaltung des Landes, indem sie in den Inseln Sicilien, Sardinien und Corsika gleichsam die Hauptmarksteine ausgesteckt hat, während sie auf der anderen Seite die Verbindung Italiens mit der Nordspitze von Afrika anzustreben scheint. Im Inneren der Halbinsel treten, wie in Griechenland, mehrere kleinere, von Natur aus bestimmt markirte Gebiete hervor, die sich um einen entsprechenden Mittelpunkt gruppiren und für die „politische Anordnung Italiens von jeher bedeutungsvoll gewesen sind. Die geographische Richtung von Griechenland und Italien zeigt nach Südosten, wie jene von Spanien nach Südwesten, so dass, wenn man die Gesammtconfiguration unseres Welttheiles in's Auge fassen will, Europa vermittelst dieser beiden von einander divergirenden Arme auch nach zwei verschiedenen Welten ausgreift, nämlich einerseits nach dem Süden von Asien, andererseits nach dem Süden von Amerika. Wie für Spanien, so resultirt auch für die südöstliche Doppelgruppe von Mitteleuropa aus der geographischen Lage, Richtung und Weltstellung seine speciellere culturgeschichtliche Aufgabe.

Griechenland und Italien boten in der Urzeit der Geschichte, in der Kindheit der Cultur, den Völkern des Südostens der Welt bei ihren fast instinctartigen Wanderungen nach dem Nordwesten einen bequemen Uebergang, gleichsam eine providentielle Brücke auf dem Wege nach Europa. Aber es war nicht etwa ein blosser Durchzugspunkt, sondern es bildete auch gleichsam den Garten, in welchem die zarten Keime der menschlichen Cultur gepflegt und grossgezogen werden sollten. Denn das milde Mittelmass des Klima's und die Ergiebigkeit des Bodens von Griechenland und Italien, verbunden mit der aussergewöhnlichen Leichtigkeit des maritimen Verkehrs unter einander, machte diese Länder mehr als alle übrigen in der alten Welt dazu geeignet, die Samen des geistigen und socialen Lebens in ihren Schoos aufzunehmen und unter günstigeren Verhältnissen, als sie Asien darbieten konnte, zu einem lebendigen Organismus zu entwickeln.

Welch ein wesentlicher Unterschied zwischen der äusseren Plastik der kleinen Ländergruppe des südöstlichen Europa's und dem in seiner Massenhaftigkeit erstarrten und regungslos gebliebenen Ostcontinente der Welt! Die bis in's kleinste Detail gehende Gliederung der natürlichen und geographischen Verhältnisse auf den griechisch-italienischen Inseln und Halbinseln war wie von der Vorsehung eigens dazu geschaffen, jede zu weit gehende Commassation der Völker zu verhindern, ohne deshalb, wie in Asien, die einzelnen Gruppen der Bewohnerschaft zu trennen und sie gleichsam gegen einander abzusperren. In Folge der eigenthümlichen Gestaltung des Landes und der Configuration der individuellen Theile desselben wurden die Einwanderer, mochten sie zu

Lande durch das weite Völkerthor aus Centralasien oder zu Wasser aus dem Euphratthale und Aegypten herangezogen kommen, auf dem südeuropäischen Boden genöthiget, sich nur auf die Constituirung kleinerer Gemeinwesen und auf wenig umfangreiche Staatsgebiete zu beschränken. In den ungeheueren Staatencomplexen des Orientes mit ihrem äusserst schwerfälligen Mechanismus hatte sich kein organisch geregeltes politisches Leben entfalten können. Aber in den sehr leicht zu überblickenden Gesellschaftsgruppen von Griechenland und Italien, wo der Einzelne sich schon frühzeitig zur lebhaftesten Theilnahme an den öffentlichen Angelegenheiten aufgefordert fühlen musste, wo er sich immer als ein integrirendes Glied des ganzen Körpers betrachten durfte, konnten sich allmälig, wenn auch nur im Kleinen wie in einer Vorschule, jene Anschauungen, Grundsätze und Gewohnheiten heranbilden und feste Wurzeln fassen, welche wir heutzutage, nach grossartigen Dimensionen erweitert, im modernen Staatswesen des ganzen Welttheiles, wie überhaupt in den socialpolitischen Einrichtungen aller wahren Culturvölker der Erde als bleibende Normen wieder erkennen und bewundern. Und gerade hierin liegt einer der wichtigsten Theile der hohen Bedeutsamkeit, welche die griechisch-römische Civilisation für die Entwicklung der Völker aller späteren Zeitalter gehabt hat.

Der zweite Hauptfactor des welt- und culturgeschichtlichen Einflusses, den die ehemaligen Bewohner der südöstlichen Ländergruppe von Mitteleuropa auf das Gesammtleben der Nachwelt ausgeübt haben, ist in den sogenannten höheren Zweigen der Cultur, in den verschiedenen Arten der bildenden Kunst, in der Poesie und in der wissenschaftlichen Prosa jener Völker enthalten. Was von Sokrates in Bezug auf die Philosophie gesagt wird, das lässt sich hinsichtlich aller edleren Seiten des geistigen Lebens mit vollem Rechte von den Hellenen im Allgemeinen behaupten. Allerdings hatte auch der Orient seine Architectur, seine Sculptur und Malerei; auch er hatte seine Lieder, seine Poesie und Speculation — aber ihre eigentliche Heimat fanden sie erst unter dem Himmel Griechenlands. Erst hier empfingen sie Leben, hier kamen sie in Fluss.

Der orientalische Philosoph schwebte bei seinen Grübeleien in fernen Regionen, in einer fremdartigen, unerreichbaren Welt: Plato und Aristoteles suchten die Grundlage für ihre wissenschaftlichen Forschungen auf dem sicheren Boden der Erde, in der Natur des Menschen selbst. Sie zeigten dadurch für immer den Ausgangspunct aller Philosophie und den Weg an, welcher, richtig gegangen, allein zu einem befriedigenden Ziele zu führen vermag. Im Orient blieb die Speculation fortwährend umdüstert von den Nebeln einer tristen Lebensanschauung und gefesselt von vorgefassten Meinungen und unantastbaren Satzungen: in Griechenland dagegen stieg der Leitstern aller Wissenschaft, die reine Vernunft am heiteren Himmel geistiger Freiheit empor und bot den Funken dar, an dem die nachgeborenen Generationen das Licht der Wahrheit, wenn es zu erlöschen drohte, von Neuem anzünden und weiter verbreiten konnten. Die Schöpfungen der hellenischen Kunst und Literatur haben in ihren Wirkungen selbst die verheerendsten, alles Alte und Gekünstelte niederreissenden Weltstürme von Jahrtausenden überdauert. Sie sind bis auf unsere Tage das Musterbild und Ideal aller für Hohes und Grosses empfänglichen Geister aus der Gesammtheit der auf dem Wege wahrer Civilisirung begriffenen Völker gewesen und werden es, ihrer besonderen Natur nach, ungeachtet der vielfachen durchgreifenden Veränderungen in den verschiedenartigen Verhältnissen der Menschheit auch für alle Zeiten und Generationen bleiben.

Aber so erhaben und vollendet die schöne Cultur der Griechen und Römer innerhalb ihrer speciellen Sphäre auch gewesen ist, so erwiesen sich ihre socialen Einrichtungen, angemessen den damaligen beschränkteren Umständen, als viel zu enge, sobald sie die Schwelle der Vorschule ihrer unmittelbaren Schöpfer und Träger überschreitend in das grosse Weltleben aller Völker des Abendlandes hinaustreten sollten. Im Einzelnen sicher und grossartig angelegt, entbehrte der Gesammtbau derselben doch noch wesentlicher Theile und Organe, um für eine wahrhaft allgemeine, die ganze Menschheit umfassende Weltordnung genügen zu können.

Um nach und nach das Fehlende zu ergänzen und die Basis den Anforderungen gemäss zu erweitern, mussten mehrere Elemente zusammen wirken. Zuerst machte sich die Allgewalt einer Religion fühlbar, welche nicht auf einzelne Länder und Nationalitäten, nicht auf einzelne Gesellschaftsclassen und Lebensseiten des Individuums, wie die antiken Systeme, beschränkt worden war, sondern in ihrer wahrhaft kosmopolitischen Weise die ganze Welt, alle Völker, alle Menschen, das ganze Wesen und Leben des Einzelnen zu umfassen und veredelnd zu durchströmen bestimmt und geeignet war.

Gleichzeitig traten auf dem damaligen Schauplatze der Weltgeschichte neue und urkräftige, gerade für die junge Weltreligion am meisten zugängliche Völker an die Stelle der bereits gealterten und dabei entarteten Griechen und Römer, um nach der von diesen zu Ende gespielten Rolle die weitergreifende culturgeschichtliche Mission zur Neugestaltung der gesellschaftlichen und politischen Verhältnisse zu übernehmen.

Ein neues Leben der Völker sprosst empor und verbreitet sich von Griechenland und Italien aus allmälig auch über die Länder von Mittel- und Westeuropa. Die Grundideen der sittlich-religiösen Weltordnung ändern sich wesentlich. Die antike Gliederung der verschiedenen Gesellschaftsclassen muss dem Hauptzuge des ursprünglichen Christenthums weichen und macht einen vollständigen, das ganze Menschenthum durchziehenden Läuterungsprocess durch. Die materielle Cultur, die unveränderliche Basis aller menschlichen Gesittung und Civilisation, befolgt wie diess in ihrer Natur liegt, den gleichen Weg. Sie schreitet in ihrer früheren Richtung fort; aber der Fluss wächst, durch frische Zuzüge aus der neuen Weltanschauung bereichert und über ein ungleich grösseres Gebiet sich ergiessend, zum vollen Strome an.

Griechenland und Italien waren, eines nach dem anderen, zur Weltherrschaft gelangt. Das Reich des ersteren ist aber einem glänzenden Meteore ähnlich gewesen, das nur im Momente des Aufsteigens mit seinem einheitlichen Lichte prangt, bald jedoch in verschiedene Stücke auseinander geht, die je ihre eigene, selbstständige Richtung einschlagen. Griechenland hat der Welt nur einen einzigen Alexander, aber nach ihm eine mehrfache Reihe von Königen gegeben, die das griechische Leben, wenn auch nur in schwächerem Abglanze, forterbten und weiter verbreiteten. Roms Weltmacht und Grösse dauerte Jahrhunderte.

Wie die Waffen der Griechen und Römer, so haben sich auch deren Sprachen in ihrer Art zur Weltherrschaft erschwungen. Wie die Staatsgewalt des lateinischen Universalreiches, so theilten auch sie sich schliesslich in dem Besitze der Länder. Die eine wurde massgebend im Orient, die andere im Occident. Ihre Spuren haben sich nebst anderen charakteristischen Zügen des späteren Alterthums in beiden Weltgegenden verewiget. Sie selbst sind Weltsprachen geblieben, so ferne sie bis in die neuere Zeit herab als Organe der Wissenschaft und Gelehrsamkeit benützt worden sind und noch fortwährend als wesentliche Attribute der höheren Bildung gelten.

Mehr als ein halbes Jahrtausend politisch und culturgeschichtlich mit einander verbunden, wurden Griechenland und Italien durch den Theilungsact des Theodosius getrennt, nachdem schon unter dessen Vorgängern der Schwerpunct der römischen Politik sich dem Osten zuzuneigen angefangen hatte. Aber mit dem gleissenden Scheine ging nicht auch die ehemalige Macht von Rom auf Constantinopel über. Unter einer so widersinnigen Leitung, wie sie von der weit überwiegenden Mehrzahl der byzantinischen Kaiser ausging, hätte kein Land und Reich jemals zu einem wahrhaften Culturleben erwachen können, und wäre es von Natur aus noch viel günstiger und reichlicher ausgestattet gewesen, als die griechische Halbinsel mit ihrem unvergleichlich vortheilhaft gelegenen Neu-Rom. Nur die Türken waren ebenbürtige und würdige Erben des byzantinischen Kaiserthums. Wir werden beide in der Culturgeschichte der Länder an der unteren Donau noch näher kennen zu lernen Gelegenheit haben.

Die weltliche Oberhoheit Italiens hatte in Folge der Erhebung Constantinopels und dann der allgemeinen Völkerwanderung ihr definitives Ende gefunden. Aus den von einander losgelösten Gliedern des abendländischen Reiches bildeten sich bald neue, selbstständige Staaten und Italien selbst schien zur Beute fremder Usurpatoren bestimmt zu sein.

Aber gleichsam als wäre es vom Schicksale festgesetzt gewesen, das herrlichste Land, den Garten Europa's an der Spitze der Weltgeschichte zu erhalten und die Tiberstadt zum ewigen Angelpuncte des Weltlebens zu machen — über dem Throne der Cäsaren erhebt sich der Stuhl des Apostelfürsten und vom Capitolium herab ergehen bald die weltbewegenden Befehle, die Alles umfassenden Segenssprüche wie die erschütternden Bannflüche des Statthalters Gottes. In Rom erhebt eine neue Weltherrschaft ihr stolzes Haupt, eine Herrschaft ganz eigener Art, und unterwirft sich im Fluge die Völker der Erde.

In den Besitz der Halbinsel selbst theilen sich verschiedene Städte und Geschlechter. Es beginnt allmälig wieder ein regeres Leben der einzelnen Staaten und äussert sich, ungeachtet der endlosen politischen Zänkereien, deren Herd Italien seither geblieben, in verschiedenen Zweigen der edleren Cultur. Der Handel blüht mit einer seltenen Energie und Schnelligkeit empor und gestaltet sich in kurzer Zeit zum Weltverkehr. Italien bildet noch immer den Mittelpunct des bekannten Erdkreises selbst und damit die Durchzugslinie zwischen Südosten und Nordwesten. Venedig und Genua werden die ersten Träger des commerciellen Lebens, sie beherrschen die Pforten zwischen Asien und Europa.

Aber auch das übrige Italien bleibt davon nicht vollends ausgeschlossen. Es geniesst den ihm gebührenden Antheil an der Gunst seiner geographischen Stellung. In dem befruchtenden Strome eines vielbewegten Weltverkehrs rivalisiren alle einigermassen hervorragenden Städte, wie einst in Griechenland, in der Beförderung der Künste und Wissenschaften. In richtiger Erfassung dieser seiner culturgeschichtlichen Weltmission hat Italien im Mittelalter seinen erhabenen Beruf zum Vortheile für sich und zum Heile von ganz Europa erfüllt. Denn in Italien bereiteten sich im Keime alle jene Factoren vor, welche später eine völlige Neugestaltung der Welt, eine gründliche Reformation auf den verschiedenen Gebieten der Künste und Wissenschaften, der Religion und Kirche und schliesslich auch im Staatsleben selbst herbeigeführt haben.

Leider konnte sich Italien selbst am wenigsten der Früchte seiner weltgeschichtlichen Leistungen erfreuen. Es bereitete sich vielmehr selbst seinen Fall vor.

In Folge der grossen Fortschritte und der epochemachenden Erfindungen auf dem Gebiete der Wissenschaft, die in Italien aufzuleben anfing und sich von da aus nach Westen und Norden verbreitete, wurden auch in der sinnlich wahrnehmbaren Aussenwelt, am Himmel und auf Erden die grossartigsten Entdeckungen gemacht. In verhältnissmässig sehr kurzer Zeit, man möchte sagen, plötzlich war die Welt um ihre ganze andere Hälfte grösser geworden, der Gesichtskreis der europäischen Völker hatte sich rasch über ungeheure Länder, über eine früher ganz unbekannte Welt erweitert. Der Süden und der Westen der Erde ward entdeckt. In dem üppigen Boden der neuen Länder, in ihren kostbaren Producten, wie in den golddurchfunkelten Tiefen ihrer Berge waren eben so viele neue Reizmittel für die Thätigkeit und Unternehmungslust der Europäer gefunden.

Mit diesen grossartigen Ereignissen tritt eine totale Umgestaltung der europäischen Verhältnisse, ein gänzlicher Wechsel in den Fluctuationen des gesammten Handels- und Culturlebens ein.

Durch die Auffindung des Seeweges um das Südcap von Afrika und durch die Erweiterung der Welt über den Ocean nach Westen hin wurde das bisherige Gleichgewicht in der alten Welt vollständig vernichtet, der bisherige Mittelpunkt des Culturlebens aus seiner Stellung verdrängt und die Achse des Handelsverkehrs aus ihrer früheren Richtung gehoben. Wie in der grossen Werkstätte der schaffenden Natur bei Neubildungen wesentlicher Theile und Glieder der Organismen die Gesammtkraft des ganzen Körpers vorwaltend nach dieser Seite hin ihre Säfte, ihr Baumateriale und ihre plastische Thätigkeit verwendet, so sehen wir auch, wie nach den entscheidenden Erfolgen der westländischen Seefahrer das Streben der europäischen Völker mit erhöhtem Feuereifer der jungen, vielversprechenden Welt im Westen zugekehrt wird. Galt es ihnen doch vorzugsweise, die neuen Länder an sich heranzuziehen und durch den Reichthum aus der entdeckten fernen Welt die politische Macht und den Einfluss in der alten Heimat zu befestigen und zu steigern.

Die südöstliche Doppelgruppe von Mitteleuropa hörte nun auf der Mittelpunkt der Welt zu sein. Was Griechenland und Italien vor dem Eintreten jener Ereignisse für die alte, kleine Welt gewesen, das wird jetzt Europa selbst für die neue, vergrösserte. Der Ocean tritt an die Stelle des Mittelmeeres und dieses wird das adriatische Meer des Oceans.

Dieser Wechsel in der natürlichen Scenerie hatte zur Folge, dass nunmehr die grossartigen Fluctuationen des Handels und der Cultur auf den Südwesten und den Nordwesten unseres Continentes hinüberströmten, in Griechenland und Italien dagegen eine empfindliche Abnahme der ehemaligen Regsamkeit eintrat. Mit den ehemaligen Schlüsseln zur Monopolisirung der grossen Wege und Pforten nach dem Süden und Osten von Asien in der Hand musste Italien nun zusehen, wie Westeuropa auf anderen Wegen nicht nur in die Schatzkammern Indiens eingedrungen war, sondern sich auch ganz neue und nicht weniger gehaltvolle Quellen des Handels, des Reichthums und dadurch der politischen Bedeutung im Westen eröffnete, ohne es irgendwie verhindern zu können.

Aber eine förmliche Stagnation des Verkehrs- und dadurch in naturgemässer Weise des gesammten Culturlebens kann, wie überhaupt für keinen Landstrich der Erde, der an dem modernen Leben und dessen gesteigerter Civilisation Antheil zu nehmen bestrebt ist, am wenigsten für Italien und Griechenland jemals mehr von langer Dauer sein. Es würde eine solche Erscheinung, ungeachtet der seither eingetretenen, wesentlichen Veränderung in Bezug auf deren Weltstellung, doch immerhin ihrer besonderen und unter allen Umständen bevorzugten Lage zwischen dem productenreichen Südosten und dem industriellen Nordwesten des alten Culturgebietes widersprechen müssen. Die vorhin angedeutete Herabstimmung ihrer commerciellen Bedeutung, das Resultat weltgeschichtlicher Ereignisse, bezeichnet in Wirklichkeit und im Zusammenhange mit dem grossen Organismus des Weltlebens nichts weiter, als ein untergeordnetes und daher auch vorübergehendes Stadium während des grossen Processes der Neugestaltung im Westen. In demselben Verhältniss, als dieser seiner Vollendung entgegenschreitet, muss sich auch im Kreislaufe der Culturentfaltung allmälig wieder ein neues Gleichgewicht einstellen. Die materiellen und die intellectuellen Factoren der allgemeinen Civilisation müssen ihre belebende Wirksamkeit in gleichmässiger Weise auch wieder auf die einzelnen Glieder des grossen Ganzen erstrecken und jedes derselben wird dann, bei entsprechender Bethätigung der Völker selbst, einen angemessenen Theil an der allgemeinen Summe der Culturbestrebungen der Menschheit erhalten, wie er ihm überhaupt vermöge seiner generellen Stellung in der erweiterten und verjüngten Welt beschieden ist und die Energie der Bewohner es verdient.

Die natürliche Bedeutsamkeit Griechenlands und Italiens wird in noch grösserer Klarheit im Lichte der Culturgeschichte hervortreten, wenn diese peninsularen Länder in Verbindung mit dem eigentlichen Mitteleuropa, dessen Hauptarm und wesentlichste Glieder sie sind, und in ihren zahlreichen innigen Beziehungen zu ihrem Grundstamme betrachtet werden.

Mitteleuropa im engeren Sinne des Wortes umfasst jene continentale Landmasse, welche sich im Norden und Nordosten von Italien, im Norden und Nordwesten der griechisch-türkischen Halbinsel, zwischen den beiden früher im Allgemeinen bezeichneten Demarcationslinien gegen Ost- und Westeuropa, bis zum Uferrande der germanischen Tiefebene und der rheinischen Niederlande hin erstreckt. Als die Ecksteine der vierseitigen Figur, zu welcher sich das Ganze construiren lässt, können die Städte Genua und Calais, Odessa und Danzig angesehen werden. In ihr liegt der Kreuzungspunkt der beiden Hauptlinien, welche die Längen- und die Breitenachse des ganzen Welttheiles bilden. Sie kann somit als die Mitte der europäischen Ländergruppe selbst gelten.

Wenn man nach dem Vorgange mancher Geographen dieses eigentliche Mitteleuropa eine continentale Landmasse in der wissenschaftlichen Bedeutung des Begriffes nennen will, so darf dabei nicht im Entferntesten an eine Massenhaftigkeit gedacht werden, wie solche in Asien vorwaltet, noch an eine Concentration des Bodens und Monotonie in den äusseren Umrissen, wie dieselbe in Afrika oder in Südamerika wahrzunehmen ist. Denn die continuirliche Ländergruppe im Centralgebiete unseres Welttheiles hat kaum den Flächeninhalt eines der grösseren peninsularen Glieder des Ostcontinentes, noch ist irgend ein Theil derselben von den allgemeinen Wasserstrassen so sehr abgeschieden, wie die von den Oceanen selbst verhältnissmässig nicht weit abgelegenen Districte der Continente auf der südlichen Hemisphäre. Sogar Nordamerika selbst, mit seinen mannigfaltigen Gliederungen, mit seinen wichtigen Binnenseen und den grossartigen Flusssystemen, die in der Hauptader des Mississipi ihre gemeinsame Basis haben, vermag nur annäherungsweise ein Bild der reichhaltigen Abstufungen des Landes und der Gruppirung seiner einzelnen Theile in Mitteleuropa zu liefern.

Die Anhäufung des festen Landes in Centraleuropa kann nur im Vergleiche zu der horizontalen Gliederung unseres Welttheiles allein und selbst da nicht anders als mit Ausschluss der sarmatischen Fläche als eine sogenannte continentale Masse aufgefasst werden. Und auch da erreicht sie nicht einmal die Hälfte der Ausdehnung, wie sie die an sich nur wenig umfangreichen Glieder der westlichen Abtheilung Europa's zusammengenommen aufzuweisen haben. Seine territoriale Grösse steht in einem angemessenen, vermittelnden Verhältniss zwischen dem mehr oder weniger einförmigen Osten und dem durchaus gestaltenreichen Westen des Continentes und bildet in Folge dessen den natürlichen Uebergang zwischen den beiderseitigen Gegensätzen.

Mitteleuropa hat allerdings, relativ aufgefasst, eine nicht unbeträchtliche Länge der festen Grenze. Dieselbe übersteigt sogar seine maritimen Linien in einem Grade, der die wesentlichsten

Nachtheile mit sich bringen würde, wenn nicht andererseits wieder neue Factoren hinzukämen, wodurch jene, wenn nicht vollständig aufgehoben, so doch auf ein sehr geringes Mass herabgedrückt werden. Namentlich steht es auf keinem einzigen Punkte in unmittelbarer Berührung mit den grossen Oceanen, wie etwa Spanien, Frankreich oder das in dieser Hinsicht so sehr bevorzugte England. Aber es reicht dafür an mehr als einer Stelle bis an ausgedehnte Wasserflächen, welche viele Jahrhunderte hindurch die wichtigsten, ja die einzigen Culturmeere der Welt repräsentirt haben und noch gegenwärtig zu den hervorragenden Verkehrswegen der civilisirtesten Erdstriche gerechnet werden müssen. Der Spiegel des mittelländischen Meeres greift mit seinen bedeutungsvollsten Armen bis an die Flanken von Centraleuropa heran und verbindet es dadurch mit den beiden grössten Continenten der Welt, mit der Wiege des Menschengeschlechtes und den ältesten Stätten der allgemeinen Cultur. Auf der andern Seite eröffnen ihm die Wogen der Nordsee und der baltischen Gewässer freie Bahnen, auf denen alle Elemente der menschlichen Gesittung ungehindert ab- und zuströmen können. Denn das deutsche Meer und die Ostsee sind für Mitteleuropa dasselbe, was die grossen Binnenseen des Lawrence für die Vereinigten Staaten, für die beiden Canada und die Länder der Hudsonsbay zu bedeuten haben.

Dazu kömmt noch die überaus günstige Gliederung des Bodens im Innern des Landes selbst. Zwar hat es keine einzige Wasserader, welche auch nur annäherungsweise den Umfang eines Mississipi mit seinem Missouri, Ohio, Arkansas und Tennessee, eines Maranhon, La Plata oder vieler Ströme Asiens erreichen könnte; aber eine zahllose Menge kleinerer Flüsse, ausgedehnt und wasserreich genug im Verhältniss zur gesammten Landmasse, belebt das herrliche Gebiet nach allen Richtungen. Wie die maritime Lage, die vielen tief einschneidenden Meeresbuchten allein, ohne grosse Flüsse, genügen können, um den Fluctuationen des allgemeinen Culturlebens in Griechenland und Italien freien Spielraum zu gestatten, ebenso reichen die, wenn auch je für sich genommen unansehnlichen, aber desto mannigfaltigeren Wasserstrassen, welche die ganze continentale Masse wie ein vielgegliedertes Netz durchziehen, vollkommen hin, um den Verkehr durch dieselbe in ausserordentlicher Weise zu erleichtern und selbst die scheinbar abgeschiedensten Gegenden mit den Binnenmeeren, dadurch aber auch mit dem Ocean selbst in Verbindung zu bringen. Diese Verhältnisse gewinnen noch an Bedeutsamkeit durch ihren unmittelbaren Zusammenhang mit der allgemeinen Weltstellung des Landes selbst. Central-Europa ist nämlich die grosse Strasse, in welche die Linien des Weltverkehrs zusammenlaufen, um das Ganze zu durchziehen. Es liegt in der Achse des Welthandels der alten und mittleren Zeit.

Aber es ist nicht blos die allgemeine Durchzugslinie des Verkehrslebens, wie Italien und Griechenland, es bildet das grosse Centrum desselben; es ist die Mitte, das Herz von Europa, in welchem sich alle Lebensadern des gesammten Körpers vereinigen. Erst durch ihre Stellung, durch ihre Beziehungen zu diesem edlen Theile des Continentes erhalten dessen einzelne Glieder ihre wahre Bedeutung. Italien und Griechenland, für sich allein, ohne Mittel-Europa gedacht, wären Arme, losgetrennt vom Leibe, der auch ihr Lebensprincip enthält. Selbst Frankreichs und Englands schönste und mächtigste Culturfactoren hängen wesentlich von ihren civilisatorischen Verhältnissen und Beziehungen zu deren grossem Hinterlande ab.

In dieser geographischen Lage, in dieser Stellung zu allen übrigen Gliedern ist auch die geschichtliche Mission ausgesprochen, welche der centralen Ländergruppe Europa's von der Vorsehung angewiesen worden ist. Hat diese es derselben auch versagt, unmittelbar in das allgemeine öffentliche Leben der ganzen Erde hinauszugreifen und es mitbestimmen zu können, wie etwa Grossbritannien, so hat sie ihr dagegen den Ehrenplatz, die massgebende Mitte zwischen den Staatencomplexen im Inneren des Continentes selbst vorbehalten. Denn als einheitliches Ganzes genommen soll Central-Europa den Osten und den Westen des Welttheiles politisch auseinander halten, culturhistorisch aber gegenseitig vermitteln und verbinden. Es soll das öffentliche, internationale Streben und Treiben nach beiden Seiten hin, damit aber auch indirect die Geschicke des grossen Ganzen beherrschen, leiten und allmälig verbessern helfen. Ohne Mittel-Europa soll keine wichtigere Frage definitiv gelöst, keine allgemeinere Angelegenheit ohne dessen Zustimmung vollständig geregelt werden dürfen. Sein Ausspruch soll von allen Nachbaren respectirt, sein Urtheil vollzogen werden müssen. In ihm, dem Schiedsrichter, soll die verlässlichste Garantie des europäischen Friedens, das heisst des Friedens der civilisirten Welt selbst liegen, weil in ihm auch der einzige natürliche Schwerpunct des politischen Gleichgewichtes von ganz Europa ruht. Dies ist gleichsam die staats- und völkerrechtliche Seite seiner welthistorischen Aufgabe. So oft es dieselbe verstanden und mit Energie erfüllt hat, hat es dem Gange des gesammten europäischen Lebens seine Richtung gegeben und die Schicksale der europäischen Völker entschieden. Aber es ist diesem erhabenen Berufe nicht treu geblieben. Nur zu oft ist es von der Höhe seiner prädestinirten Stellung herabgestiegen; man hat es sogar bis zum Diener fremder Interessen erniedriget und mehr als einmal ist es ein Spielball fremder Willkür, ein Gegenstand des Spottes für mächtige Politiker und ohnmächtige Politikaster geworden!

Desto grossartiger aber erscheint es in der Geschichte als der Universal-Erbe der antiken Culturwelt, als der ebenbürtigste Reformator des in seiner Art zwar classischen, aber in seinen Grundzügen zu engen und einseitigen Lebens in Griechenland und Italien, als der eigentliche Träger der späteren Weltcultur im wahrsten Sinne dieses Wortes.

Während Rom seine Macht nach allen anderen Richtungen der Erde rasch bis zu grossen Dimensionen erweiterte, während schon der ganze Süden und Westen Europa's von Gades bis an den Phasis im Osten und bis nach Caledonien im Norden, der mediterrane Ländergürtel Afrika's mit Aegypten und ein grosser Theil Asien's den Befehlen der Königin an der Tiber gehorchen und mehr als ihren Ueberfluss nach der unersättlichen Metropole zum Opfer bringen mussten, stand Mittel-Europa beinahe noch unberührt und ungeschwächt den sonst Alles bezwingenden Waffen der ewigen Stadt gegenüber. Schon in den benachbarten central-europäischen Alpen, an der Schwelle Italiens, dehnte sich die gewaltige Vormauer hin, welche den siegessicheren Imperatoren lange Zeit Schranken setzte. Und die ersten Versuche der Consuln, auch diesen Theil der Welt den Adlern zu unterwerfen und die erste Berührung mit den Völkern im Norden der grossen Gebirgskette diente mehr dazu, dieselben aufzurütteln und die einzelnen Massen in Bewegung zu setzen. Der blutige Tag von Noreja war die erschütternde Antwort auf die erste Anfrage des Senates. Es gelang dem Weltreiche zwar noch, die Alpenpässe zu öffnen und seine Grenzen bis an die Donau vorzuschieben. Aber hier, in den norisch-rhätischen Bergen sammelten sich auch die ersten gewitterschwangeren Wolken, um sich endlich mit Macht gegen Süden zu entladen, und es begann die Strömung der nordischen Völker in der Richtung des Mittelpunctes der alten Welt. Das römische Reich eilte seinem Verfalle entgegen. Das einst allmächtige Volk war theils in masslosem Luxus, theils in drückender Armuth, in allgemeiner Erschlaffung mehr und mehr entartet. Da war es vorzugsweise Mittel-Europa, welches neue und urkräftige Geschlechter nach den verödeten Ländereien entsendete, um die verkommene und absterbende Welt wieder empor zu richten, sie mit frischen, noch unverdorbenen Elementen zu verjüngen und von Neuem zu beleben. Diese zwar erst wenig civilisirten, aber vermöge ihrer physischen und intellectuellen Anlagen für den Segen der edelsten Gesittung des Menschengeschlechtes leicht empfänglichen und den erhabensten Ideen der Cultur zugänglichen Stämme haben damals dem Abendlande eine ganz neue Gestalt gegeben.

In Mittel-Europa standen im Allgemeinen zwei grosse Völkergruppen, welche die stärksten Contingente zur Einwanderung nach den Ländern des römischen Kaiserreiches gestellt haben. Dieselben gehörten einerseits der slavischen Nationalität an, andererseits waren es Stämme aus rein germanischem Blute. Die Einen wendeten sich, ihren früheren Wohnsitzen entsprechend, vorzugsweise nach dem am meisten gegen Südosten hin geneigten Arm des Continentes, nach der Halbinsel des Hämus-Balkan, wo sie dem griechischen Elemente begegneten; die Anderen dagegen zogen überwiegend nach dem Südwesten, wo sie mit lateinischer Sprache und Sitte in Berührung kommen mussten. Italien, den mittleren Arm der ganzen Gliederung, hatten beide in's Auge gefasst. Nach Nordwesten, gegen Britannien ergossen sich, wie nach Gallien, beinahe ausschliesslich Söhne der Germanen.

Eine ausführlichere Geschichte der Culturentwicklung seit dem Beginne des Mittelalters würde die beiden Gruppen mit ihren verschiedenen Nüancen auf deren Wanderungen begleiten und ihnen bis in die neuen Wohnsitze folgen müssen, um zu sehen, wie diese Neugestaltung sich allmälig weiter ausgebildet habe, in welchem Grade die Ankömmlinge ihre aus der ursprünglichen Heimat mitgebrachten civilisatorischen Eigenschaften und Factoren, Sprache, Sitte und Charakter unter den veränderten Verhältnissen zur Geltung gebracht und aufrecht erhalten, oder ob sie unter den vereinten Eindrücken von Seiten des neuen Landes und der Bewohner desselben ihre angeborenen und anerzogenen Eigenthümlichkeiten wieder abgestreift und sich in dem fremden Leben aufgelöst haben; oder endlich ob sie mit den schon vorhandenen Factoren in beiderseitiger Wechselwirkung zu Trägern einer in ihrer Art neuen und selbstständigen Cultur herangewachsen sind.

Ueber das eigentliche Central-Europa verbreiteten sich im Allgemeinen die beiden grossen Nationen in der Weise, dass die slavische den geographisch viel ausgedehnteren östlichen Theil der ganzen Ländergruppe besetzt hielt, hier bis an die Quelle der Drau, dort bis an die Ufer der Elbe und darüber hinaus reichte, während dagegen der germanische Stamm mit seinen hauptsächlichsten Verzweigungen, den Franken, Alemannen und Bojoaren, den Sachsen und Friesen, den kleineren Westen derselben, insbesondere das obere Donauthal, die Flussgebiete des Rheines und der Weser bevölkert hatte.

Aber gerade auf diesen engeren Landstrich, auf diese rein deutschen Völkergruppen fiel der Schwerpunct der nachrömischen Weltmission. Hier sollte die verjüngte Cultur ihre gesundesten Wurzeln schlagen, hier ihre breiteste, aber zugleich auch ihre festeste Grundlage erhalten, und sich allmälig zum grossartigsten Baum entwickeln, dessen stärkende Früchte zur Belebung, zur Kräftigung und Veredlung aller Völker der Erde bestimmt und geeignet werden sollten. Germanische Cultur sollte fortan das Ferment der Weltcultur, deutsche Gesittung den Kern der Weltgesittung bilden.

Aber die gesammte Civilisation musste hier gleichsam wieder von den ersten Anfangsgründen ausgehen. Deutschland war noch vielfach durchzogen von ungeheuern Waldungen und umfangreichen Sümpfen, sein Klima feucht, rauh und kalt. Die Sonne beschien noch nicht die lachenden Fluren, die blumigen Wiesen und Auen, die wogenden Saatenfelder, die üppigen Weinberge und malerischen Obstgärten mit den sauberen Landhäusern und den stattlichen Dörfern, welche, ein charakteristisches Zeichen germanischen Lebens, unsere Heimat heutzutage vor allen Ländern der Erde auszeichnen. Ortschaften von weiterem Umfange, Städte, fanden sich nur in denjenigen Gegenden, wo die römischen Waffen geherrscht, Ruhe und Ordnung aufrecht erhalten hatten, im Süden der Donau und an den reizenden Ufern des Rheines, der Maas und der Mosel.

Der eigentliche Process der deutschen Culturentfaltung begann zwar bald nach der allgemeinen Völkerwanderung. Aber er konnte während der ersten Periode nicht anders als sehr langsam von Statten gehen. Nur sehr allmälig wurden die Wälder mehr und mehr gelichtet und die Sümpfe ausgetrocknet, um der Landwirthschaft Platz einzuräumen. Mit dieser aber zogen auch verschiedene Gewerbe in das Land, begleitet von den humanen Lehren der christlichen Religion. Die Handwerke hatten ihre bescheidenen Anfänge in der Nähe von Klöstern, bei den Stiften und an den Pfalzen des reicheren Adels, bis sie frisches Leben schöpfen konnten in den aufblühenden Städten, welche nach und nach die Sammelplätze des emsigsten Bürgerthums wurden.

Die Manufacturen in ihren verschiedenartigsten Gliederungen und Verzweigungen, die gewerblichen Arbeiten in den mannigfaltigsten Abstufungen und der Kunstfleiss mit seiner allbelebenden Kraft nahmen den raschesten Aufschwung und erreichten die vollendetste Blüthe, seitdem Deutschland der eigentliche Stapelplatz des Welthandels, der Centralpunct aller Radien des commerciellen Lebens geworden ist, als die Haupthandelswege aus den sämmtlichen Weltgegenden hier zusammenliefen, als namentlich die bedeutungsvollen Strassen von Constantinopel durch das Donaugebiet und von Italien an mehreren Stellen durch die Alpenpässe nach den schönsten und reichsten Culturstätten unseres Vaterlandes führten. Die norddeutsche Hansa beherrschte den Handel von Russland bis nach England, von Schweden bis nach Frankreich. Sie hatte ihre Waarenniederlagen zu Nowogrod, wie in London, zu Bergen wie in Brügge so gut als die süddeutschen Emporien, ein Wien, ein Augsburg, ein Ulm und Nürnberg in der vordersten Reihe, ihre eigenen Handelslogen am Rialto besassen. Deutsche Arbeiten, deutsche Fabrikate gingen so weit als die mercantilen Unternehmungen der damaligen Zeit überhaupt in der alten Welt zielten. Je schwieriger die gesammte Culturaufgabe war, je zahlreicher die Hindernisse, je härter die Kämpfe gegen Unwissenheit, Aberglauben und Barbarei oder gegen die Ungunst der politischsocialen Verhältnisse schienen, desto zäher und ausdauernder zeigte sich auch die deutsche Kraft und Schaffungslust, desto glänzender und lebensfähiger waren deren Erfolge.

Sollte aber die Cultur wieder weiter schreiten und die Civilisation eine wahrhaft allgemeine werden, so waren neue Hebel erforderlich, um die Masse zu heben. Es mussten neue Bahnen eröffnet werden, um das Ganze im Fluss zu erhalten. Der grössere Theil der Bevölkerung erfreute sich noch nicht der staatsbürgerlichen, ganze Classen nicht einmal der natürlichsten, menschheitlichen Rechte. Die Landwirthschaft war noch lange Zeit hindurch nur die Aufgabe von Leibeigenen, die Arbeit mehr eine Sache für Sclaven, als der Stolz des freien und unabhängigen Mannes. Die Herren des Eigenthums beschäftigten sich zumeist mit ganz anderen als mit civilisatorischen Angelegenheiten. Fehde, Jagd, nicht selten auch Raub und Ueberfall von Kauffahrern schienen die Bestimmung der Bevorzugten zu sein.

Deutschland war berufen und, seiner gesammten Anlage nach, auch vollkommen befähiget, die erste Rolle in allen politischen Fragen des Continentes zu spielen, auf alle öffentlichen Angelegenheiten der Welt entscheidenden Einfluss auszuüben. Zu wiederholten Malen stand es auch auf einer würdigen Höhe seiner Mission. Das Reich deutscher Nation war der Mittelpunkt des europäischen Lebens, als es vom deutschen Meere und den baltischen Gewässern bis nach Sicilien, von den Karpaten bis gegen die Pyrenäen zu gebieten hatte.

Aber in seiner gesammten politischen Constituirung wuchsen aus unscheinbaren Anfängen allmälig Elemente hervor, die an dem innersten Kern seines Daseins nagten und die edelsten Säfte seines Organismus verschlangen, Elemente, die es niemals vollständig und auf die Dauer zur Allmacht der Einheit und Gemeinsamkeit gelangen liessen und es schliesslich bis auf die unterste Stufe der Erniedrigung herabziehen halfen. Allerdings war die Idee der staatlichen Einheit im deutschen Kaiser verkörpert. Mehr als einmal war dies aber nichts als ein leeres Trugbild, ohne wahre Kraft und Macht an den Tag legen zu können. Das Heer von Vasallen hohen und niederen Ranges trug nicht unwesentlich dazu bei, unmittelbar im Innern des Reiches selbst dasjenige zu erschweren oder vollständig zu vereiteln, was naturgemäss und zur Befestigung der Machtstellung desselben unbedingt erforderlich war.

Dazu sollten noch vielfältige Hindernisse aus fremden Landen kommen. Die Begründer des deutschen Staatswesens hatten sich schon im Beginne des Mittelalters im Auslande, unter einer andern Nation mit ganz entgegengesetzten Interessen und feindseligen Tendenzen gegen die in ihrem Wesen germanische Cultur einen einflussreichen Gegner herangezogen, dessen eigenthümliche Allgewalt Jahrhunderte hindurch nur zu schwer und drückend auf Deutschland gelastet hat, und ihre Schöpfer sämmtlich überlebend, wenn auch nur mehr in eng geschlossenen Kreisen, selbst gegenwärtig noch fühlbar ist.

Um alle die Fesseln, welche den weiteren Aufschwung deutschen Culturlebens hemmten, zu sprengen, waren mehrfache Mittel und Hebel nothwendig. Es war unmöglich, dieselben mit einem Male herbeizuschaffen. Das Werk sollte erst nach vielseitigen Versuchen gelingen. Ein Mittel sollte erst das andere vorbereiten und unterstützen, eine feindliche Position nach der anderen untergraben, bis der ganze Bau derselben schliesslich unhaltbar sein und in sich zusammenbrechen musste.

Es kann nur als eine der vielen wohlwollenden und menschenfreundlichen Fügungen der Vorsehung angesehen werden, dass die finsteren Mächte des Aberglaubens, des Despotismus, der Lethargie, der intellectuellen und ethischen Knechtschaft niemals die gesammte Menschheit, nicht alle Völker der Erde zu gleicher Zeit umnachten dürfen. Wenn auch die Sonne des geistigen Lebens und der sittlichen Freiheit in dem einen Lande, bei dem einen Volke untergehen mag, so führt sie das Morgenroth und den hellen Tag einem anderen zu.

Als nach der Völkerwanderung die neuen Stämme des Abendlandes noch in ihrer Unmündigkeit befangen waren, stieg ein glänzendes Meteor am südlichen Himmel Europa's empor und verbreitete seine Lichtstrahlen von Persien bis nach Spanien. Mit seltenen Eigenschaften begabt, ungewöhnlich bildungsfähig, von Hause aus regen Temperamentes, das, geweckt durch neue Ideen, getragen von einer Siegesfreude, mit der erfüllt sie beinahe halb Asien, die fruchtbarsten Strecken von Afrika und selbst einzelne Landstriche unseres Continentes gleichsam im Fluge eroberten, der grössten Energie und Thatenlust ein ergiebiges Terrain darbieten konnte, waren die Araber die geeignetsten Vermittler der classischen Literatur für das Mittelalter und die verlässlichsten Pfleger der sich verjüngenden und erneuenden Cultur der Welt. Mit ihrer leichten Empfänglichkeit für griechische Philosophie, insbesondere für Aristoteles, verbanden sie einen lebhaften Eifer in der Erforschung der Natur, ein Streben nach Ergründung der allgemeinen Kräfte und Gesetze, auf deren Harmonie das gesammte Leben der sinnlich wahrnehmbaren, individuellen Erscheinungen beruht. Den Triumphen ihrer Waffen folgten allmälig auch erfreuliche Siege auf dem Felde der Wissenschaft, der Mathematik, der Chemie, der Physik und Astronomie.

Die Deutschen liessen den Morgenrut aus dem Orient nicht lange ungehört verhallen. Es erhoben sich unter ihnen Männer, die zuerst, wenn auch nur nach dunkelen, immerhin aber grossartigen und erhabenen Ahnungen, die Geheimnisse der Natur und ihrer Wirksamkeit zu verkünden begannen. Man fasste allmälig festeren Boden im bunten Wechsel der materiellen Dinge. Mit jeder neuen Erkenntniss, welche den Horizont erweiterte, folgten auch neue Erfindungen, die den Wahrheiten und Ideen die Bahnen ebnen und deren Verbreitung unter den Völkern erleichtern sollten. Länder und Meere, Himmel und Erde thaten sich nach und nach vor den erstaunten Blicken auf.

Aber nicht blos auf dem Gebiete der materiellen Welt, auch in der Sphäre des reinen Geisteslebens kündigt sich bald eine neue Zeit an. Die Weisen Griechenlands und Italiens feiern allmälig ihre Auferstehung und predigen von Neuem ihre göttlichen Gedanken, die nun durch die junge Kunst des Buchdruckes leicht und schnell in unbeschränkter Anzahl vervielfältiget, einen Theil des öffentlichen Unterrichtes bilden, und auf diese Weise in das gesellschaftliche Leben eindringen und die Geister für höhere Aufgaben vorbereiten. Gegen Ende des Mittelalters häufen sich die Erfindungen und mit ihnen die grossen Entdeckungen, bis es in den drei grössten Thaten seinen definitiven Abschluss findet und einer höheren Entwicklungsstufe der Menscheit ihre erweiterten Rechte einräumen muss: in der Entdeckung der neuen Welt, in der Enthüllung der ewigen Sternenordnung am Firmamente und endlich in der deutschen Reform der römischen Kirche.

Für die gesammte Thätigkeit des Menschen und seiner Vernunft waren von dieser Zeit an nach allen Richtungen hin unermessliche Felder eröffnet. Es galt nun zunächst hauptsächlich, das in den allgemeinsten Umrissen Dargebotene nach dessen inneren Details weiter zu verfolgen, es unter der Loupe des Verstandes zu sondiren, die einzelnen bearbeiteten Glieder zur Vollendung des grossartig angelegten organischen Baues in Harmonie zu bringen und so das Ganze allmälig mit Sicherheit unter die intellectuelle Herrschaft und Leitung des Geistes zu stellen.

Auch hierin sollte vorzugsweise der deutsche Genius allen anderen Völkern voranleuchten, wenn gleich weniger durch glänzende Thaten und rauschende, oft nur zu rasch vorübergehende Erfolge in den grossen Fragen des politischen Lebens, dafür aber in den mehr auf eine dauernde Wirksamkeit, auf die Verbesserung des allgemeinen Daseins und die Veredlung der Weltcultur abzielenden Errungenschaften der besonnenen Forschung und der ruhig fortschreitenden Wissenschaft.

Bald regen sich die Geister und, frei von den Fesseln der Satzungen, betreten sie als die tüchtigsten Arbeiter und als die brauchbarsten Werkzeuge der Vorsehung die verschiedensten Gebiete des menschlichen Culturlebens. Nachdem die Nebelhülle des Aberglaubens und der Vorurtheile sich verflüchtiget hatte und die Aussicht offen war, wendet sich das geklärtere Auge der Forscher einerseits nach rückwärts bis in die fernste Vergangenheit, um die Geschicke der Völker, ihre religiösen, politischen und socialen Verhältnisse, ihre Einrichtungen, Sitten, Gewohnheiten und Anschauungen, ihr ganzes Leben und Dasein nach dessen Stabilität oder Abwechslung kennen zu lernen; andererseits vertieft es sich in das geheimnissreiche Buch der lebendigen Natur mit ihren ahnungsvollen Schätzen, mit ihren fundamentalen Kräften und den unabänderlichen Gesetzen, um neue und ergiebigere Hilfsmittel zur Hebung der irdischen Dinge, zur Sicherung des materiellen Wohles der Generationen und der Menschheit herbeizuschaffen.

Gleichzeitig mit diesen beiderseitigen Studien und mit ihnen in stetiger Wechselbeziehung richten sich die Blicke der Wissenschaft aber auch den höchsten Fragen der gesellschaftlichen Ordnung selbst zu, um die Grundlagen zu gewinnen, auf denen dieselbe aufgebaut werden soll, wenn sie den naturgemässen Anforderungen der Vernunft, der Gerechtigkeit, der Sittlichkeit, der Freiheit und der allgemeinen Humanität entsprechen will.

Wie in der Natur unter den Strahlen der Maiensonne Alles neu auflebt und sich frisch entfaltet, so blüht jetzt in der Geisteswelt unter dem Lichte der Wissenschaft eine neue Welt hervor. Die Philosophie, die sich mit gesteigerter Gewalt aller wichtigeren Angelegenheiten der Vernunft und des Gemüthes bemächtiget, die Geschichte der Welt und der Völker, die Wissenschaft der Sprachen, die Kenntniss der Kunstdenkmäler nehmen einen bisher noch nicht geahnten Aufschwung; die Wahrheiten der Religion, der Moral und des Rechtes erscheinen bei einer wesentlich erweiterten Kenntniss des Menschen und der Natur nach ihren gegenseitigen Verhältnissen in einer veränderten und veredelten Gestalt. Ihnen zur Seite gehen die volkswirthschaftlichen Lehren und auf dem Gebiete der Physik, der Chemie und in den verschiedenen Zweigen der Technik reihen sich Entdeckungen und Erfindungen in fortwährender Progression an einander. Sie bereiten die grossartigen Fortschritte in der Landwirthschaft, in der Manufactur, in der Industrie und Fabrication, im Handel und allgemeinen Verkehr vor, die wir heute zu bewundern haben. Sie sind aber nicht blos die Vorboten, sondern alle zusammen sind sie auch die wichtigsten, die unerlässlichen Factoren und Hebel der Neugestaltung der ganzen Welt. Sie bilden in ihrer Gesammtheit das belebende Princip der künftigen Geschichte, der Cultur und Civilisation der Menschheit.

Man kann heutzutage bei Niemanden mehr, welcher den inneren Entwicklungsgang des allgemeinen Culturlebens, wie er sich aus der Zeit des Mittelalters her gestaltet hat, näher kennt und unparteiisch beurtheilt, einem gerechtfertigten Widerspruche begegnen, wenn man die intellectuelle Führerschaft desselben den Volksstämmen Mittel-Europa's, den Deutschen vindiciren will. Denn deutsches Leben und deutsche Wissenschaft, deutscher Fleiss und deutsche Arbeit, in ihrem weitesten Umfange und nach jeder Richtung menschlich vernünftiger Thätigkeit aufgefasst, durchziehen mit ihrer Culturkraft bereits die hervorragensten Gebiete der Erde, sie sind das wahre und dauernde Ferment für die Civilisation der Welt geworden. Vor Jahrhunderten von culturfreundlichen Regenten gesucht und nach fremden Gegenden unter andere Nationen verpflanzt, um den Landbau, den Bergbau, Gewerbe, Manufacturen, Schule und Unterricht im Volke zu heben, sind die Deutschen der Neuzeit selbstständige Missionäre, die sich nach allen Ländern und Welttheilen verbreiten, Sitte und Bildung dahin tragend. Dem alten Zuge ihres Herzens gehorchend werden sie die Apostel der Freiheit der Wissenschaft und des Gewissens, und damit die Träger wahrer Humanität in den verschiedensten Gegenden und unter den verschiedensten Nationen, mit denen sie in nähere Berührung kommen. Ihrer Fahne folgt beinahe überallhin ein erfreulicher Aufschwung des materiellen und geistigen Lebens.

Das ist aber der wesentliche Charakter der weltgeschichtlichen Mission der Germanen. Ihr Grundzug ist Universalität. Denn die wahrhaften Leistungen der Deutschen sind bestimmt Gemeingut der Völker der Erde zu werden. Vergleicht man damit die Weltaufgabe der übrigen Theile Europa's, die ehemalige Weltherrschaft der Griechen, dann der Römer, später der Spanier und Franzosen mit der Culturherrschaft der Germanen und insbesonders der Deutschen, so springt der ungeheure Unterschied sofort in die Augen. Und wenn die Zeit der sogenannten Eroberungen für immer vorüber und hochherzige Ideen allein das bewegende Element der Zukunft zu bilden berufen sind, so kann es keinem Zweifel unterliegen, wem unter allen Nationen der Erde die Ehrenaufgabe von der Vorsehung zu Theil geworden ist.

Wenn man Central-Europa nach dessen innerer Gliederung genauer betrachtet, so treten die verschiedenen Abstufungen derselben in bestimmten Umrissen hervor. Im Norden zieht sich eine zusammenhängende Tiefebene hin, als vermittelnder Uebergang von der ungeheuren Fläche im Osten nach den kleinen Niederungen im Westen des Welttheiles. Dieser reihen sich die mannigfaltigsten Hügel- und Mittelgebirgsgruppen und Plateaux an, aus denen im Süden das Hoch- und Alpenland in massenhaften Formen emporsteigt. Gegen den Südosten zu sind Hochgebirge, Mittellandschaften, grössere und geringere Tiefebenen in reichster Abwechslung in und neben einander gelagert.

In Hinsicht seiner Abdachung vertheilt sich der Boden Central-Europa's auf drei nach ihrer geographischen Ausdehnung von einander wesentlich verschiedene Gebiete. Der kleinste Theil gehört den beiden Meeresarmen im Süden an, der Adria und dem Golf von Lyon, in welche nur die Bäche aus dem West- und Südabhange der Alpen, theils unmittelbar, theils durch die Adern der Rhone, des Po und der Etsch auslaufen. Umfangreicher ist das Terrain, das seine Gewässer gegen Nordwesten und Norden sendet. Mehrere und in ihrer Art bedeutende Flüsse brechen aus den Gebirgen hervor und tragen ihre Fluthen durch das germanische und rheinische Tiefland in die Becken des deutschen und des baltischen Meeres. Am ausgedehntesten aber ist die Abdachung nach Südosten. Ein einziger grosser Strom sammelt die Wassermassen im Norden der Alpen und des Balkan und im Süden der Karpaten, um sie vereint dem Pontus zuzuführen. Es ist die bedeutungsvollste Schlagader Mittel-Europa's, die Donau.

Die Donau ist nach der Wolga der grösste Fluss des Continentes. Steht sie auch diesem in seinem allgemeinen Charakter mehr asiatischen Wassergebiete an Ausdehnung und Quantität nach, so übertrifft sie dasselbe durch ihre Qualität und Bedeutsamkeit für das Culturleben. Die Donau hat eine Länge, welche der des Rheins, der Elbe und Oder zusammengenommen beinahe gleich ist. Ihr Stromgebiet ist grösser als die der ersten rein deutschen Flüsse in ihrer Gesammtheit; es ist um ein Beträchtliches ausgedehnter als das heutige Kaiserthum Frankreich und erreicht für sich allein die Hälfte von Central-Europa überhaupt.

In der Nähe der westlichen Grenzlinie der grossen Ländergruppe entspringend durchschneidet unsere Donau dieselbe bis an deren äussersten Ostrand und nimmt den grösseren Theil des Südens und den ganzen Südosten des gesammten Complexes ein. Die Richtung ihres Laufes ist demnach vorwiegend eine west-östliche mit geringer Abweichung gegen Süden. Der Unterschied in der geographischen Breite zwischen Donaueschingen und Galatz beträgt nicht einmal drei vollständige Grade. Nur zweimal weicht sie von dieser charakteristischen Linie wesentlich ab, von Waitzen bis unterhalb der Mündung der Drau und auf der kurzen Strecke von Czernawoda bis zum Einfall des Sereth.

Die Donau unterscheidet sich hierin also in eigenthümlicher Weise von den übrigen grösseren Flüssen des mittleren Europa, indem diese vorzugsweise in der Richtung nach Norden und Nordwesten verlaufen. Nur ein einziges Stromgebiet theilt mit ihr die geographische Stellung, es ist am südlichsten Rande der Ländergruppe, am Uebergange nach dem peninsularen Arm der Apenninen das culturreiche Thal des Po.

Diese charakteristische Configuration der Stromläufe mag beim ersten und oberflächlichen Anblicke ausschliesslich für den Geographen einen höheren und ideellen, für den Culturforscher dagegen nur einen sehr untergeordneten oder gar keinen reellen Werth zu haben scheinen. In Wahrheit aber ist die praktische Bedeutung dieser hydrographischen Verhältnisse für das Culturleben des Welttheiles nicht geringer gewesen, als das reine Interesse derselben für die Wissenschaft. Die Fingerzeige der Natur waren auch hier wie anderwärts, wenn auch nicht allein massgebend, so doch in

hohem Grade einflussreich und mitbestimmend für die Entwicklung
der Civilsation, sie waren von jeher ein hervorragender Grund davon, dass sich das allgemeine Culturleben in den verschiedenen
Theilen des Donaugebietes so verschiedenartig gestaltet, während
es auf den anderen Stromlinien in ihrer ganzen Längenausdehnung
einen mehr oder weniger gleichartigen Charakter angenommen und
gleichmässigere Phasen eingehalten hat. Eine kurze Andeutung
mag hier vorläufig genügen, um die Richtigkeit dieser Auffassung
näher legen zu können.

Die Linien der grösseren Wasserstrassen, welche in das deutsche und baltische Meer auslaufen, haben ihre geographische Stellung nicht in der gleichen Richtung mit dem Hauptthale der Donau, sondern sie durchkreuzen dasselbe an mehreren Punkten. Da
sich ihnen, wenigstens seit dem Eintritte Deutschlands in die Geschichte der europäischen Staaten, im Allgemeinen zumeist auch
die Wege des Welthandels angeschlossen haben, so war es nur
eine natürliche Folge, dass den verschiedenen Gliedern des grossen
Stromgebietes auch je ein anderes Mass von Theilnahme an dem
universellen Culturleben zufallen musste, je nach der Fülle und
Stärke, in welcher dieses zwischen den kleineren hydrographischen
Territorien der nördlichen Abdachung und den grossen Emporien
am adriatischen, mittelländischen und schwarzen Meere pulsiren
konnte. Daher lässt sich in der Geschichte der Cultur, namentlich
aber des allgemeinen Verkehres, so ferne derselbe sich auf das
Stromgebiet der Donau bezieht, ein öfteres Ebben und Fluthen,
ein wiederholtes Schwanken bald nach dieser, bald nach jener
Seite hin wahrnehmen, je nachdem der Schwerpunkt des Welthandels aus Anlass gewichtiger Ereignisse nicht unbedeutende Vibrationen gezeigt hat.

Die vorwaltende Richtung der Donau zwischen Osten und
Westen gegenüber der Ausdehnung zwischen Süden und Norden,
welcher die anderen mitteleuropäischen Flussgebiete folgen, dann
der Umstand, dass das Donauthal nahezu die ganze grosse Ländermasse von der einen Grenzlinie bis zur entgegengesetzten durchzieht, haben es von jeher mit sich gebracht, dass es wenigstens
mit irgend einem Theile seiner Gliederung fortwährend in der allgemeinen Strömung des Verkehrs- und Culturlebens begriffen war.

Am lebhaftesten und zugleich am constantesten hat sich jedoch
dasselbe mit allen seinen materiellen und intellectuellen Factoren

in den Districten der oberen Donau, namentlich diesseits jener Linie, auf welcher sich die Alpen und Karpaten bis auf Flussbreite einander nähern, zu erhalten vermocht. Die natürliche Configuration des Bodens, die Lage dieser Länder und deren Verhältniss zur Westhälfte des Mittelmeeres, sowie zu den geschichtlichen Erscheinungen auf der apenninischen Halbinsel machen diese Thatsache leicht begreiflich.

Der bedeutungsvollste und unmittelbarste Ausgangspunkt für die culturhistorischen Beziehungen zwischen dem Becken des mittelländischen Meeres und dem Gebiete der Donau war von jeher und mit sehr seltener Ausnahme in ununterbrochener Reihenfolge bis auf die Tage der Gegenwart die innere Bucht des adriatischen Wasserarmes nebst dessen festländischer Fortsetzung gegen Westen, der ewig reichen Ebene und Tieflandschaft des Padus. Von hier verzweigen sich die kürzesten und natürlichsten Adern der Civilisation über die Jöcher und durch die Pässe der Alpen nach Norden an die obere Donau und darüber hin nach dem Centrum Deutschlands, über den Rücken der julischen und karnischen Gebirgsketten nach Nordosten in das mittlere Gebiet des Stromes und weiter bis in die Regionen der oberen Elbe, der Oder und der Weichsel. Sie reichen ferner in östlicher Richtung hinab bis in die üppigen Gefilde des ehemaligen Ister, ja sogar bis zu den Fluthen des schwarzen Meeres.

Die ersten Anfänge des Verkehrs bis zu den wichtigen Gliedern des Mittelmeeres, der Adria und dem Pontus, durch das Stromgebiet der unteren Donau und deren bedeutenderen Nebenflüsse der Save mit der Kulpa und der Drau mit der Mur datiren schon aus der Sagenzeit des griechischen Heroenthums. Kann man den darauf hinweisenden Erzählungen aus dem grauen Alterthum auch keinen apodiktischen wissenschaftlichen Werth beilegen, so dienen sie doch zur Bezeichnung der charakteristischen Art und Weise, in welcher die nachbarlichen Bewohner der Südabhänge des Balkan bis zu den Inselgruppen Joniens, die Culturstämme der Hellenen, deren Schriftstellern die Nachwelt beinahe ausschliesslich eine genauere Kunde über die ältesten ethnographischen, culturgeschichtlichen und social-politischen Verhältnisse der grossen Donauländer verdanken muss, die Verkehrslinien, die von der Natur selbst angedeutet worden sind, aufzufassen vermocht haben.

Schon lange bevor die römischen Adler in ihrem majestäti-

schen Eroberungsfluge die Alpen übersetzt hatten, fand bereits ein
für die damaligen Verhältnisse und Zustände nicht wenig lebhafter
Verkehr zwischen den Donauländern und Italien statt. Frühzeitig
schon sehnten sich die Völkerstämme der rauheren Gebirgsregionen nach den süssen Früchten des Südens und vertauschten dagegen gerne die Producte ihrer heimatlichen Thäler. Besonders
waren die vielen und mitunter ausserordentlich reichhaltigen Goldgruben und Eisenbergwerke, namentlich jene in den Hochthälern der Taurisker und Noriker wirksame Reizmittel für die
Gewinnsucht der Italer.

Der Wechselverkehr steigerte sich, als die Römer ihre Herrschaft bis an den danubischen Reichslimes ausgedehnt hatten. Ihren Fahnen und dem Schutze ihrer Waffen folgten zahllose kaufmännische Agenten aus Patavium, Aquileja, Altinum, Concordia,
Opitergium und aus anderen Handelstädten der venezianischen und
cisalpinischen Districte, um den Ueberschuss des Ackerbaues, der
Viehzucht und der Landwirthschaft überhaupt nicht nur von den
nähergelegenen Uferlandschaften der oberen Etsch, der Save und
der Drau, sondern auch aus den damals hochcultivirten Gegenden
Pannoniens, Mösiens und Daciens nach dem Süden zu schaffen.
Die niederungarischen Ebenen, das Banat und Siebenbürgen, Bosnien, Serbien, selbst Bulgarien und die Walachei, unter der Pflege
thätiger Landwirthe einer unerschöpflichen Ausbeute fähig, mussten
um so mehr aufgesucht werden, als die volkreichen Städte Italiens,
das unersättliche Rom an der Spitze, zur Befriedigung ihrer Bedürfnisse ungeheure Massen von Vorräthen verschlangen, und als
eine sinnlose Steuer- und Finanzpolitik der Imperatoren das zum
üppigsten Garten des Welttheiles von der Natur befähigte Land
der Apenninen so tief herabdrückte, dass dessen edelste Gefilde
nur mehr düstere Züge ökonomischer Verwahrlosung und Verödung
darbieten konnten.

Ganz Rhätien, Noricum und Pannonien, Illyrien bis hinab
nach Dacien war zur Zeit der römischen Herrschaft von einem vielseitigen, allenthalben ineinandergreifenden Strassensysteme durchzogen. Kein Abhang war zu steil, kein Berg zu hoch, um nicht
von Fahrwegen durchschnitten zu werden, sobald es eine politische
Nothwendigkeit zu erfordern oder ein praktischer Vortheil anzurathen schien. Alle grösseren Städte und wichtigeren Punkte waren wechselweise in Verbindung gesetzt. Von den Cäsaren zwar

hauptsächlich zu militärisch-strategischen Zwecken hergestellt und dafür erhalten, wurden alle diese Strassenadern doch nicht weniger eifrig auch von den friedlichen Aposteln des Handels und der edleren Cultur benützt.

Will man diesen, selbst für die hochgesteigerten Anschauungen der Gegenwart immer noch hinlänglich interessanten und lehrreichen Strassenorganismus wenigstens nach dessen Hauptadern verfolgen, so bildet den naturgemässen Ausgangspunkt dazu Aquileja, die wichtigste und blühendste Römercolonie, in Kriegs- wie in Friedensangelegenheiten lange Zeit hindurch neben Ravenna, Pola und Scardona der umfangreichste Stapelplatz am adriatischen Meere. Von hier aus verbreiteten sich die Heer- und Handelswege gleich Radien vom Centrum nach ihrer Peripherie, nach dem grossen Reichslimes an der Donau, wo zahlreiche Stationen für die einzelnen Abtheilungen der Stromflotillen und stark befestigte Plätze zur Vertheidigung des kaiserlichen Bodens für die Grenzposten und Wachen errichtet waren.

Die allgemeinen Spuren dieser Wege führen zunächst von Aquileja aus, am Isonzo aufwärts in die Gegend von Görz und neigen sich dann den östlich gelegenen Höhenrücken zu, um nach den blühenden und belebten Städten Nauportus und Aemona, dem heutigen Laibach zu gelangen. Während ein Hauptarm hier abzweigte, und längs der Save hinziehend, die Verbindung mit dem hochwichtigen Siscia, durch dieses aber weiter hin mit den hervorragendsten Garnisonsstädten im unteren Save- und Donauthale, namentlich mit Sirmium und Taurunum vermittelte, setzte sich die Stammlinie über Celeja in die Mulde des pettauer Feldes fort, um von da aus einen zweiten Ast nach dem grossen Waffen- und Fabriksplatze am Zusammenflusse der Save und der Kulpa, einen anderen, noch wichtigeren aber an der Drau über Mursa Aelia nach dem bereits angegebenen Taurunum abzusenden. Der Hauptzug aber geht von Petavium in der Richtung gegen Nordosten weiter, überschreitet in der Gegend des jetzigen Radkersburg die Mur und wendet sich nach Arrabone, um über Sabaria nach Scarabantia zu verlaufen, wo er sich von Neuem spaltet und einerseits nach Vindobona, andererseits aber nach dem hervorragendsten Stationsplatze Carnuntum hinzielt. Sabaria bildet zugleich den Knotenpunkt der Seitenstrassen nach Raab, nach Ofen (Acincum) und der Doppelverbindung mit den Gegenden an der unteren Mur und Drau.

Eine zweite wichtige Linie lief von der soeben bezeichneten, schon oberhalb Neuportus aus, kreuzte zuerst in der Nähe des heutigen Krainburg die Save, sodann die Drau, um das auf dem Zollfelde in Mittelkärnthen gelegene Virunum und hinter diesem das alte Noreja zu erreichen. Nachdem sie zuletzt das Mur- und das Ennsthal durchschnitten und mehrere Seitenlinien gegen verschiedene Uferplätze der Donau ausgesendet hatte, wendete sie sich gegen die Ebene der Traun, um sich vereint mit der Limesstrasse zunächst dem Knotenpunkte Boiodurum, am Zusammenflusse des Inn mit dem Hauptstrome zuzuneigen.

Es war dies aber nicht die einzige Verbindung zwischen Aquileja und Virunum. Denn eine andere Linie begann unmittelbar in der Hafenstadt selbst und blieb bis Forum Julii mit jener Strasse vereinigt, welche Cäsar über das nach ihm benannte Gebirge in das Thal der Pirusten durch Erweiterung des bereits vorher bestandenen Pfades auf eigene Kosten anlegen liess, wendete sich aber von da aus durch den Engpass dem Mittellaufe der Drau und dem Zollfelde zu, während ein wichtiger Arm in das obere Drauthal abzweigte, um durch Teurnia nach den Höhen des Tauern, hier in das Gebiet der Halonen, dort an die Ufer der Salza und nach Juvavium zu verlaufen, wo sie wieder mit mehreren anderen und belebten Verkehrswegen zwischen Noricum und Rhätien zusammenlief.

Strebten diese Hauptadern vorzugsweise nach dem Gebiete der mittleren Donau, nach den Ländern des heutigen Oesterreichs, so zielte ein anderer Weg nach der Quellenregion unseres Stromes. Dieser kreuzte, von der Adlerstadt auslaufend, den Tagliamento und die Piave und durchzog das Thal der Euganeer, um den Verkehr nach den beiden Rhätien für Truppen und Handelsleute aus den Städten der Veneter auf der kürzesten Route herzustellen.

Ein zweiter bedeutungsvoller Ausgangspunkt für Strassen nach dem Donauthale lag im Westen von Aquileja, am Südfusse der tridentinischen Alpen. Später als die julische Strasse angelegt, stieg diese Hauptlinie aus der Po-Ebene, von den Ufern der Etsch mit dem Hauptquartier gegen Räthien und Vindelicien, durch das strategisch wichtigste Thal von Südtirol über Trient gegen Bozen herauf, um sich hier zu spalten und einerseits dem Eisack entlang über dem Brenner nach Veldidena, andererseits gegen den Oberlauf der Etsch in der Richtung des Bodensees zu verlaufen, hier zum Anschluss an die Linien aus den gallischen, dort an jene aus den norisch-pannonischen Landen.

Wie die Via Claudia Augusta Veronensis im Westen, an der oberen, so zielten im Osten, an der unteren Donau, die Strassen von Thessalonike und Byzanz über dem Hämus in beinahe senkrechter Stellung auf den grossen Strom hin.

Waren alle diese Wege mehr strahlenförmig vom mittelländischen Meere durch die Alpenthäler gezogen, um sie mit dem Herzen des Weltreiches zu verbinden, so sehen wir eine andere Linie von höchster Wichtigkeit an der Peripherie die Endpunkte der Radien mit einander vermitteln und gleichsam den Schlussstein des ganzen Baues bilden. Es ist dies die bedeutungsvolle Route längs des Reichslimes an der Donau selbst, welche alle Stations-, Waffen- und Handelsplätze am Rande des römischen Gebietes gegen Central-Europa zu, vom äussersten Osten bis zum fernsten Westen mit einander in directen Verkehr setzte. Die Anlage derselben mit allen militärischen Vorkehrungen und Defensions-Anstalten zeigt, dass der Römer, der die wesentlichsten Punkte seines Reiches mit einer beispiellosen Klarheit des Blickes im Grossen wie im Kleinen auszuspähen im Stande war, den Ausdruck: „Salus Reipublicae Danubius" nicht als blosse Phrase, sondern im vollsten Ernste der Bedeutung und Wahrheit desselben auffasste, und wie richtig diese Bezeichnung war, davon liefern die verhängnissvollen Ereignisse der letzten Jahrhunderte der römischen Geschichte den sprechendsten, wenn auch tragischen Beweis.

Mit dem Limes und der Donaustrasse concentrisch liefen aber im Innern des kaiserlichen Territoriums noch andere kürzere, aber je in ihrer Stellung nicht weniger wichtige Heerwege durch alle hervorragenderen Punkte, so dass der ganze südliche Theil der Donauländer mit einem in seinem Detail vollendeten Strassensystem und Verkehrsnetze durchzogen war und in Verbindung mit den Stromflotillen die rascheste Beweglichkeit der Legionen möglich, aber auch den Missionären der friedlichen Cultur selbst die kleinsten Districte dieser Reichsgruppe in ausserordentlicher Weise zugänglich machte.

In Folge der allgemeinen Völkerwanderung und des endlichen Unterganges des abendländischen Kaiserthumes werden die Verhältnisse der alten Welt einer gründlichen Umgestaltung unterzogen. Ein neuer Krystalisationsprocess in dem politisch-socialen wie im gesammten Culturleben des Occidentes wird eingeleitet. Andere Völker mit anderen Sitten und Anschauungen treten auf dem alten Schauplatze auf und verdrängen ihre Vorgänger oder amalgamiren sich mit ihnen. Aus den Trümmern des ungeheuren Reiches bilden sich auf neuen Grundlagen und mit anderen Factoren der Civilisation kleinere selbstständige Staaten, mit eigenen Mittelpunkten und Umrissen, als Glieder der künftigen Weltordnung. Die Grösse und die Lage, die Stellung und Ausdehnung des Donaugebietes musste es mit sich bringen, dass dieses bei der ganzen Metamorphose im hervorragendstem Grade betheiliget war.

Wie es aus diesem Läuterungsprocesse hervorgegangen, wie es sich in den verschiedenen Zweigen der Cultur und Civilisation entwickelt, nach mancherlei Stadien und Phasen allmälig die heutige Gestalt angenommen — dies zu zeigen wird die specielle Aufgabe der folgenden wissenschaftlichen Behandlung bilden.

Die organische Darstellung dieses reichhaltigen Themas wird sich, wenn wir den Plan des Ganzen nach seinen Grundzügen in Kürze zusammenfassen, in zwei Hauptlinien und jede derselben wieder in mehrere Nebenzweige gliedern. Die erste allgemeine Frage muss auf die natürliche Ausstattung des Landes selbst oder auf die Culturfactoren gerichtet sein, welche die Schöpfung ihrerseits unmittelbar in dem Schoosse desselben niedergelegt hat; die zweite aber hat ihr Augenmerk auf die Menschen und deren civilisatorische Thätigkeit zu concentriren. Bezieht sich die eine vorzugsweise auf die geographische Lage und die Stellung des ganzen Gebietes wie seiner einzelnen Theile, auf dessen innere Gliederung und geologische Bildung wie auf die klimatischen Verhältnisse und vegetativen Fähigkeiten, so muss die andere untersuchen, in wie ferne die Völkerstämme diese von der Natur dargebotenen Mittel zur Erreichung ihrer Culturbestimmung zu benützen, zu veredeln und zu vermehren verstanden und was sie selbst hinzugethan haben, um neue Factoren zu den rein physischen zu schaffen. Begreiflicher Weise müssen von dem Stadium an, wo das Zusammenwirken der zwei Grundsäulen der ganzen Culturgeschichte — des Landes und der Bewohner — historische Basis gewinnt, auch stets beide in ihrer allseitigen Wechselbeziehung aufgefasst werden.

Die gesammte Bewohnerschaft des Donaugebietes zeigt, wie dieses selbst, nicht bloss in ihrem geschichtlichen Nacheinander, sondern auch im gleichzeitigen Nebeneinander mehrere verschiedene Gruppen. Diese müssen in einer eingehenden Ethnographie ihre entsprechende Berücksichtigung und Charakteristik finden. Dadurch wird die allgemeine Frage bestimmtere Formen annehmen und dahin lauten, was diese bestimmten Völker und Volksstämme je aus ihrer Heimat gemacht, wie sie auf Grundlage dieser gegebenen Mittel bestimmte Stufen der Cultur und der Civilisation erstiegen haben, oder ob sie hinter ihrer Aufgabe zurückgeblieben sind. Zu diesem Zwecke müssen die einzelnen ethnographischen Glieder und Gruppen der gesammten Bevölkerung je nach ihrem angeborenen und anerzogenen, nach ihrem natürlichen und künstlichen Charakter, nach ihren rechtlichen und politischen Anschauungen, wie nach der religiösen und kirchlichen Seite ihres Daseins, nach ihren Sitten, Gewohnheiten und Lebensarten, nach allen ihren physischen und ethischen Verhältnissen geschildert werden.

Sollen aber die charakteristischen Züge der verschiedenen Völkerstämme deutlich und lebendig genug hervortreten, so müssen diese nicht bloss in ihren bleibenden Anlagen, sondern in ihrer abwechselnden Thätigkeit, in ihren physischen, psychischen und intellectuellen Handlungen und Werken, in ihrem gesammten Thun und Lassen betrachtet werden. Wir werden sie daher auf den verschiedenen Bahnen ihrer Culturbestrebungen begleiten und sehen müssen, wie sich unter ihrer Hand die Bodencultur, die Gewerbe, die Manufactur und Industrie, die verschiedenen Zweige des Verkehrs und des Handels gestaltet, welchen Antheil sie an den intellectuellen, künstlerischen und wissenschaftlichen Bestrebungen der Welt genommen, um schliesslich den Culminationspunkt der Civilisation, die politisch-socialen Einrichtungen und die gesellschaftliche Gliederung derselben nach ihren einzelnen Stadien und Phasen zu verfolgen und somit ein vollständiges und einheitliches Bild des Ganzen von Land und Leuten in der Harmonie ihres Wesens und Lebens dem Leser vorführen zu können.